日本を滅ぼす欠陥ヘイト条例

言論の自由を守るために

すべてのヘイトに反対する会 編

「すべてのヘイトに反対する会」の主旨と目的

◆当会はすべてのヘイトに反対します。

◆偏った国の法案　自治体条例を見直します。

◆日本人への偏ったヘイト条例には反対します。

まえがき

川崎市「ヘイト規制条例」が産み出す問題点

すべてのヘイトに反対する会共同代表　土屋たかゆき

令和元年12月12日に採決された川崎市「人権を尊重するまちづくり条例（通称ヘイト条例）」は、日本人のみへの罰則規定（1～50万円）があることで、おおいに反感をかっている。

これに対して

1．すべてのヘイトに反対する
2．国の「ヘイトスピーチ解消法」の見直し
3．隔たりの無いヘイト条例を推進する

以上を目標として昨年11月に作られたのが「すべてのヘイトに反対する会」である。

川崎市条例は、全会一致という由々しき、あり得ないなかでの決議であった。

平成28年度に国が制定した「ヘイトスピーチ解消法」では、本邦外出身者に対してのヘイトは慎むようとあり、提案者の西田昌司議員は「理念法」、共同提案者の有田芳生議員は「制定時から、罰則付き条例は織り込み済み」と述べている。二者に多少の齟齬はあるものの、本邦外出身者への同情を装う権利譲渡であることは間違いない。

国法を盾にしての「地方条例での罰則付き」は、神奈川県の政令指定都市である相模原市でも制定予定であり、今後日本中で検討されるだろう。

全国1700余の自治体議員がこぞって、「物分かりの良い議員を標榜したい」とばかりに、碌に内容や事実、将来図や問題点を無視し、制定に賛同したら、言論の不自由どころではなく、本邦外出身者の天国になることは、当然予測できる事態ではないか！

「ヘイトはやめよう」は当然といえば当然だ。私たちもすべてのヘイトに反対している。しかし同時に、それはいかなる場合においても「双方ともに」が付随しなければ、住民間の分断や少数派が、マジョリティを超える力を持つことに結び付く。そういう危険さを含んだ条例に、なぜ自治体議員がいとも簡単に賛成をするのか理解に苦しむ。

適当な理由を付けて「付帯決議が付いたからよくできた」

冗談ではない！

あくまでも条文そのものが問題であって、簡単にいえば付帯決議などほとんど意味がない。意味がない事をして「付帯を付けたから」と賛成議員たちは強弁する。

言論の府を構成する議員としてそれで良いのか？

「面倒だから議論は回避して賛成」、こんなことで良いのか？

矜持を持ってもらいたい。

おかしな話だが、市民が議会を監視しなければならない。

「罰則付き、一方的なヘイト条例」の制定を完全に止めることは非常に難しいが、やらなくてはならないことだ。

ではどうしたら良いか？

まずは市民組織の構築だ。肝心なことは、A市のことはA市の住民が関心と責任を持たなければならない。住民自治の基本である。少人数で良い。

市民―議会―本会となる。

次は議員への協力要請だ。活動に共鳴し、連帯してくれる議員を発掘しなければならない。議員が発言することで、議論が町場の議論から議会の議論に格上げされる。

要は、民主主義の基本である市民的議論と行動、議会に対する要望と議員が一体となって「まともな条例を獲得する」といった当たり前のことをすれば良い。

そのためには情熱と行動が必要とされる。

つまり、私たち自身が問われているのだ。

目次

参考資料

第四章

第一章

ヘイト条例が奪う表現と言論の自由

共同代表　永井 由紀子

本邦外出身者のための「罰則付きヘイト条例」

２０１９年12月12日に制定された、川崎市条例「人権を尊重するまちづくり条例」は２０２０年7月1日をもち正式に発動を開始した。発動二日目には、ネットの書き込みで２名が審議会に回されるというスピードぶりである（7月2日時点）。

今後、川崎市では、公共の場において２名以上が拡声器やチラシなどを用いての「ヘイト」に関する一切の発言はできなくなるという不安感が現実になった。市長による3回の警告後、刑事告訴され、1～50万円の罰則金、更に氏名も公表されるとあれば、おのずと発言に慎重になるのは当然であり、それが狙いのひとつであろう。

条例制定に力の限りを尽くしたという市民団体は、次のように喜びを語っている。

「この条例は、日本の宝であり、ヘイトは犯罪として取り締まられることになった」

「同様の条例を日本中で作るべきである」

ヘイトスピーチがいけないとは誰しも思っているが、このように条例は税金を払っている〈市民・住民〉のためであるいえるであろうか。本邦外出身者（外国人・帰化者を含む）のみに適応される条例が、果たして日本の宝であろうか？

［この条例で罰則が課されるのは日本人］

［訴える側は本邦外出身者だけ］

［日本人が反論する手段は裁判のみ］

こんなおかしな条例が日本人により作られ、更に全国に広げようとする意図は何か。

誰のための条例なのか？

条例を制定出来るのは議会決議のみである。議員は市民の要請を受け、そのために働くのが仕事であり、基本は市民のために存在すべきであろう。

議員はすべてを知り理解しているわけではない。しかし、このような反対の声のある条例案に関しては、少なくとも熟知する必要がある。「請願・陳情があるから」、「ヘイトはいけないから」、「聞こえの良い内容だから」という短絡的な思考で制定することは大いに問題である。

このように一方的な自治体条例が制定される根本は、ひとえに国が「ヘイトスピーチ規制法」を成立させ、附則として『全国の自治体はこれを基に条例をつくる努力義務がある』」から始まっている。国の法律は「理念法」であるが、条例は自治体が制定し罰則を付けることが可能である。

２０１６年の国法に基づき、全国で多くの「ヘイト規制条例」が制定されているが、その多くは理念を重視した条例で、それでも問題があるものの、川崎市では全国に先駆け初の「罰則付き条例」制定市として名乗りをあげた。

追随して相模原市でも制定予定、こちらは更なる厳しさをもって臨むと市長宣言もあり、令和３年３月議会で制定が予定されている。その他、福岡市・大和市・練馬区などでも検討中であり今後制定される条例の多くに罰則が付くことは十分考えられる。

理念法がなぜ罰則付きになったか。このような条例をつくらなければならないほど、日本はヘイトにまみれているのだろうか。

国連が認定した「日本はヘイトの国」への道筋

現在日本は、国連から「差別を助長し人権を守らない国」として認定されている。国連は人権問題、差別問題に関して、非常にナーバスな組織であり、人権や差別、果ては報道の偏向に至るまでまで、反日活動家は国連に駆け込む。

映画「ゴジラ」をご存じの方は、国連軍が勇ましい曲と共にゴジラを退治してくれたのをご記憶だと思う。同時期に作られた「宇宙防衛軍」などの映画でも、日本が主導し国連軍が宇宙からの敵を撃退した。はるか昔のその当時から今に至るまで、日本はいじらしいほどの信頼感を国連に寄せている。

国連＝正義という観念から逃れられず、国連に訴えればそれが正義の鉄槌となり、マスコミが大々的に盛り上げてくれる。半独立国としかいえない日本にとって国連はまさに正義の女神のごとき存在そのものだ。

現在、その国連は設立当初の高邁な意義とはかけ離れた存在となっているものの、依然としてメディアをはじめとして確たる正義の場としての位置を占めているのも事実である。

日本は何時からヘイト認定国になったのか。

それはなぜか？

時系列でヘイトに関する事項を述べてみる。

２０１６年以前・在特会

ヘイトという感情、或いは差別感情そのものは、人間が本来持っている感情のひとつであり、人間である限り逃れることはできない要素である。感情を法でガチガチに固め規制することは、実際には人間的感情の一部を無くせということになりはしないか。

日本でも「部落」などが差別の対象となっていた事実がある。では、差別とヘイトが同一のものなのかというと同一視は難しい。

しかし今、「差別・憎悪・罵倒」はひとつの箱に入り、「人権」という包装紙にくるまれ、「罰則付き条例」というリボンが結ばれ、「日本人への必須プレゼント」となっている。

１９５０年代から１９８４年にかけて、戦後も日本に残っていた韓国人が母国朝鮮に還る「帰国事業」が行われたが、その後も多くが日本に残っており、彼らの為に優遇制度がとられた。その優遇措置を巡り、一部の団体が「特権を無くせ、外国人優遇を撤廃しろ」という活動を始まり、それが「在日特権を許さない市民の会（在特会）」である。

在特会は２００６年から活動を始め、「外国人参政権反対」「特別永住権撤廃」などをテーマに街宣活動で耳目を集めた団体で、その活動は過激なものとしてカウンター団体を生み出すなどメディアを賑わせていた。「嫌韓流」などの言葉が社会に浸透してきたのもこのころからである。

同時にそれらの動きが、活動対象であった相手側にとっては、メディアや世界を相手に「ヘイトを用いて自分たちの為の権利を確保する」作戦の柱になったことは否めない。

２０１６年５月24日

自民党・立憲民主党が共同提出、ほぼ全党一致で可決されたのが「ヘイトスピーチ規制法」（本邦外出身者に対する不当な差別的言動の解消に向けた取り組みの推進に関する法律）。同法の末尾に附則として記載されたのが〈各自治体はこのほうに基づき条例整備せよ〉だ。その結果、全国の自治体で、本邦外出身者に配慮し特化した条例が続出することになった。

当会でも、今後、条例の基となった国の法律に対しても、見直し、対案、平等な法案の成立に向けての取り組みをしていく。

理念法といいながら、自治体では明確な実行法となっており、しかも本邦外人に対してのみ効力を与える法律は、日本人の言論や自由を奪い、軋轢を生み分断させる、と良い結果にならないことは誰が見ても明確である。

２０１６年12月12日

認定ＮＰＯ法人ヒューマンライツ・ナウが、大阪市でヘイトに関する講演会を開いた。

「日本には人種差別を禁止する法律はない。在日コリアンや被差別部落という不特定多数の人々に対する差別、侮辱、憎悪の表現が多く、その煽動を規制する法律がない」との趣旨で、なぜ法がないかについて主催者は次のように断定している。

「対象が多数なら、一人ひとりの被る被害は少ない」ゆえに法整備していないと主張。この時の決議案が国連への提訴となり、日本は「世界でもまれなるヘイトの国」認定を受けたのである。実は日本に対して国連はそれ以前にも勧告を出しており、２００１年、２０１０年、２０１４年と３回にわたり勧告をうけているが、知る人は少ない。

２０１８年８月30日

条例化を推進し、更なる規制を求める人々にとって、「ヘイトは良くないので禁止してほしい」のみで済むはずはない。

８月30日、国連は、日本では国の規制法が出来たにも関わらず、一向に改善しないヘイトに関して、人種差別撤廃条約をもとにその履行を求めてきた。

日本国の法案を歓迎するが、更なる法の改正と救済対象を外国出身者以外にも広げ、集会、デモなどでのヘイトや煽る発言の禁止、インターネットでのヘイトスピーチへの対策、差別犯罪に対しての捜査・処罰を求めるといった、まさに川崎市の条例の根本となったのが、この国連からの勧告である。

２０１９年12月12日

国連の勧告をもとに一部市民団体の猛烈な議員への活動と要求に対しての成果が、２０１９年12月に川崎市で制定された「人権を尊重するまちづくり条例」である。人権尊重を正面に打ち出しながら、実態は「日本人に、罰則を課す」「日本人はそれに意義を唱えることはできない」という内容で、しかもこの条例の制定への検討は国の法律が決まった直後３か月後には市長が審議会の発足を始めていたのだから実に用意周到といわざるを得ない。

一部市民、議員、行政が輪になって市民が気付かぬ名称で制定したのが川崎市の条例で、当然推進派の国会議員の応援もあってのことは推測を待たないだろう。

市民のほとんどが現在でも知らない条例であり、市の広報紙でも「日本人に対してのみ適用され、日本人に対してのみ罰則が課され、罰金は1～50万円となる」などは一切触れられず、「住みやすいみんなが安心して暮らせる差別のない町を作りましょう」という触れ込みである。市の広報紙などをじっくりと目を通す人も少ないのがみそである。

２０１９年夏に条例に関するパブリックコメントが行われたが、１８、０００通という驚くべき数が集まり、その内訳は賛成が８割を超えた。このパブコメに関しては、制定側の団体や学者たちの働きがあったことは言うまでもない。

その結果、一部の市民団体と議員により「市民不在の条例」が作られたのである。

「ヘイトを無くす」という美しい言葉を掲げた人々は国連を最大限に利用し、追随するメディアを味方にし、そして完成したのが川崎市の条例であることを忘れてはならない。

同時に「ヘイトはいけませんよね」という言葉にうなずき、「ヘイトを無くせるなら」と、実態・内容を把握しないまま放置した責任は、当然市民にもあるが、制定に賛成した市議会議員の責任も見逃すことはできないのである。

ヘイトの実態　実際に起きた事件の数々

近年外国人が増加し、特に戦後、韓国との間に横たわっていた様々な問題（国内・国際間）が表面化し、日本人の権利が優先か、外国に対する忖度・思いやりが優先か、という局面を迎えている。そのような中で起きたヘイトと目される事例を紹介する。

◆ヘイトスピーチ（人種、出身国、民族、宗教、性的思考、性別、障害など主体的に変えることが困難な事柄に基づいて、個人、または集団を攻撃、脅迫、侮辱する言葉を指す）

事例1　京都朝鮮学校公園占有抗議事件

2009年12月～2010年3月まで在特会（在日特権を許さない市民の会）が京都市内の朝鮮学校で3回にわたり拡声器等を用いて演説。「キムチ臭い」「朝鮮へ還れ」などがヘイトスピーチとして学校側から起訴された事件である。判決は「人種差別撤廃条約」に照らし人種差別として有罪となり1200万円の支払いが命じられた。このころからヘイトに対しての韓国人側の人権擁護論がメディアでも報道されるようになる。

事例2　川崎市ヘイトデモ

2013年5月、川崎市駅前と韓国人の居住者の多い桜本地区を中心にヘイトスピーチが行われ、「人格権に対する侵害行為」、「ヘイトデモは憲法の定める表現将来妨害されるおそれがある場合に、そのおそれを除去するよう請求する権利）が認められた。
なお、このデモでは、多くの日本人の負傷者も出ていること、日本人20人に対し韓国人が100人を超えていたともいわれるが、どちらにしろ「ヘイトスピーチを行った側」が糾弾されるという前例が作られた事実は大きい。

事例3　神戸韓国女性記者へのヘイトスピーチ
2016年、韓国人女性記者への容姿や国籍に対するヘイト発言で在特会へ77万円の支払い命令。高裁判決での有罪。

事例4　インターネットでのヘイトに関する最初の事件
2019年2月、66歳の男が自身の匿名ブログで、相手の実名を挙げて公表非難した事例。神奈川新聞記事をもとに名指しで非難した相手は15歳の少年であった。川崎簡易裁判所は「侮辱罪」で9000円の罰金刑。

事例5　福岡市でのビラまき
2016年、「ヘイト裁判」として関心が集まった事件。福岡市内の商業ビル数か所に「在日は社会迷惑」などのビラを貼り付け、在日コリアンが起こした事件を列挙。在日韓国人等への排斥を訴えた「差別事件」として福岡地裁は懲役1年執行猶予3年の評決。

以上はネットで検索できる事例のほんの一部であるが、かようの如くヘイトスピーチ事件では訴えた韓国側の勝訴が殆どである。ヘイトはいけない事であるのは当たり前だが、それでも本邦外出身者が敗訴したという例は殆どない。

なぜこのようなことが堂々とまかり通るのかといえば、個別の案件であったヘイトを、すべてひと纏めでヘイトと規定した国の法規制があるからだ。しかし同時に沖縄などで行われている「ヤンキー、キル！」などの左翼側の座り込みや罵声に対してはなんの手立てもなく放置されている。この法や条例に基づきアメリカ人が訴えたとしても、おそらく放置であろう。きわめて歪な条例であることは確実である。

誰が最初にヘイトを叫んだのかではなく、双方向に対して「互いにヘイトはいけない、互いに罰則が課される」としなければならないのだ。

特にコロナ禍のなかで、外国人に対するヘイトがメディアで散見され、ますますヘイト条例制定への機運として利用される危険性がある現在、既に「移住連」という団体から「コロナと結びついた差別や排外主義に懸念」表明も出されている。

また、ヘイトは今後、ＬＧＢＴ、教育などあらゆるテーマでのキーワードとして条例制定の条件となることは確実だろう。

◆ヘイトクライム

多民族国家である欧米に比べ、単一民族国家の日本での実刑入牢のヘイトクライム事件は殆どない。日本人がヘイトにより外国人を殺すなどという事件はそうは見当たらない。

欧米では古くはユダヤ人への迫害・ヘイトをはじめ、近年のアメリカでは黒人差別でのデモや暴動が著しく、差別撤廃への過激な行動も散見される。同時に歴史的な認識や感情による反対活動も盛んなため、近年は少数者への配慮優先が世界的基準となりつつある。日本では差別はあったものの、「まあまあここはひとつ穏便に……」などが常識人の基本といわれ、伝統的に過激な行動とは結び付きにくい国民性でもあった。

そんな中でヘイトクライムといえるのが「朝鮮総連中央本部への銃撃事件」である。

2018年2月、右翼活動家2名が朝鮮総連の門扉に発砲した。ワンボックスカーからの襲撃を警戒中の機動隊員が取り押さえ即逮捕された事件である。この事件は民族派と総連という間の事件であり、一般庶民とはかけ離れた位置にあるのが日本の「ヘイトクライム」といいっていいのではないだろうか。現在のところ日本では欧米のような過激な暴動とはなっていない。

しかし、将来にわたり日本で事件が起きない保証はどこにもないのである。

他民族国家を既に考慮しなければいけない現在の日本である。

特に昨今の少数者（マイノリティ）があたかも正義であるような風潮に加え、罰則を伴った条例などが横行すれば、理性よりも感情が先立ち、民族間・国家間・人対人の間に軋轢と反感で、行動・言動にも警戒が必要となるだろう。

ヘイトの問題点

ヘイトから人を守るということは、ヘイトを言われた側に最大の権利を与える、という危険性がある。ましてや法で定めた場合、「双方ともに」ではない場合、加害者VS被害者という対立構造になるのである。

双方ともに「ヘイトはやめましょう」というのであれば条例化罰則付きにしなくても、「市民憲章」で良いはずだ。感情面、精神面であるヘイト感情を犯罪化させ罰則を付ける必要性があるとは思えない。世界の趨勢が「ヘイト撲滅」であるなら、最低限「双方ともに」あるべきだと考える。

今回の川崎市並みのヘイト条例に関しての問題点を整理すると、

・外国人のみに適用される
・日本人は提訴できない
・外国人への一切の要望も含めての見解はアウトとなる可能性
・罰則付き条例は氏名公表、更に起訴されれば前科となる
・表現の自由が限りなく制限される
・インターネット、デモ、投稿等も条例の取り締まり対象となる

などが挙げられるが、更に忘れてならないのが次の問題であろう。

★政治家が選挙公約としてマイノリティを政策課題として言えるかどうか

政治家が「外国人参政権反対」「移住法、移民法の見直し」「外国人労働法」「尖閣は日本の領土」「竹島を取り戻す」「外国人犯罪率」などに触れた場合、外部反対団体からの突き上げと提訴を受ける可能性もあることを忘れてはならない。今後、このような条例が制定されている自治体での立候補した際に、公約として上記の事柄は表明できなくなる。

これは明確に政治家にとっても由々しき問題であるし、国防にも関係してくる可能性も無視はできない。

★条例にある「本邦外出身者」の定義が定かでない

条例内の「本邦外主審者は誰を指すのか」は見解が明確ではない。

法務局への聞き取りでは、

「数世代遡れる、極端に言えば奈良時代でも本邦外出身者といえる」！

アイヌや沖縄は含まれるかに関して国の法案時に議論があったが、「現在は微妙な部分」と答えている。これでは、過去に遡って日本人の多くが本邦外出身者に相当することになる。

罰則付きヘイト条例は、限りなく日本人の権利と表現の自由を奪い、かつ日本人と外国人の分断にしかならない条例だ。

誰のために作られた条例かを考えれば、反対の声を挙げなければならないのだ。このような条例を認めることは日本人と外国人の間に垣根を作り、互いに警戒しあい、という負のスパイラルを形成するだけである。

川崎より更に厳しくするという市長表明のあった相模原市で罰則付きヘイト条例が制定され、政令指定都市が福岡市を含め3市を超える状態は、何としても止めるべきである。

条例制定の流れが止められないなら、最低限「双方向」での「理念」に基づいた条例にすべきである。

第二章

先進国ならすべてのヘイトをなくさなければならない

２０１４年4月、
豪州ストラスフィールド市で、
中韓反日団体が仕掛ける
慰安婦像公有地設置計画に遭遇。
シドニーを中心とする在豪邦人の有志と共に
反対活動を展開。
オーストラリア人、現地住民の協力を取り付け
一致団結のワンチームにて、
２０１５年8月阻止に成功。

現在は日本を拠点に活動中。

著書に『日本よ、もう謝るな！』（飛鳥新社）
『日本よ、情報戦はこう戦え！』、
『新・失敗の本質』（扶桑社）
『サイレント・インベージョン』

情報戦略アナリスト
山岡《やまおか》 鉄秀《てつひで》

先進国の条件とは

新型コロナのパンデミックで、改めて痛感したことがある。それは、日本が先進国ではなくなりつつある現実だ。いや、厳密にいえば、日本は戦後ずっと国家とはいえない準国家でしかなかったのだが、経済大国となり、先端技術が発達したが故に、先進国であると思い込んできただけだったのではないだろうか。

戦後、日本人は占領軍が急ごしらえした憲法に倣って「平和」や「民主主義」などといった概念を大事にしてきた。少なくともそのつもりだった。ところが、敗戦のトラウマも手伝って、おかしな法律を作ったり、おかしなことをやってしまったりする。それが日本国内にいるとなかなかわからないのだが、外から見ているとはっきりわかる。その姿は先進国のものではない。

憲法自体が矛盾していることは多くの人が同意するところだろう。改正すべき点が多々あるのに、一字一句変えずに解釈変更のみで凌いできた。これも西側先進国ならあり得ないのは言うまでもない。法治国家を標榜するなら、現実とあからさまに矛盾しないように憲法や法律を保たなければならない。しかし、日本人は憲法（特に9条）を少しでも変えた途端に戦争になってしまうという恐怖感にとらわれてか、自らの安全保障さえ犠牲にして憲法改正を拒んできた。

憲法もおかしければ、法律も変なものを平気で作ってしまう。

それが明らかになったのが今回初めて発令された緊急事態宣言（令和2年4月14日）だ。その根拠となる「新型インフルエンザ等対策特別措置法」には、外出規制に法的強制力がない。

それではいったい何のための緊急事態宣言なのか？

当時立法に携わった議員によれば、「国民に早めに注意喚起するのが目的」だったという。そんな緊急事態宣言はあり得ないが、実際に発令した自民党政権は、注意喚起どころか、伝家の宝刀と見なして最後の最後まで発令を躊躇し、感染拡大を許してしまった。

さらに、パチンコ屋の休業を強制できず、密状態を許してひんしゅくをかった。全くもって頓珍漢である。日ごろは非常にリベラルな気風を持つオーストラリアやニュージーランドは、新型コロナパンデミックを有事と捉え、早い段階から厳しい私権制限を行っていたのと対照的だ。日本人が人権について勘違いしていることがよくわかった。

大いなる勘違いの結果としての条例

その勘違いがさらに遺憾なく発揮された例がある。川崎市で令和元年12月に制定された「川崎市差別のない人権尊重のまちづくり条例」、いわゆるヘイト条例である。

ヘイトスピーチを禁じる法律は世界中にあるし、西側先進国であれば当然整備されている。そのような法律なり条例なりを制定すること自体は何も問題がないのだが、ここでまたとんでもない勘違いをやってしまうのである。

なんと、非日本人へのヘイトスピーチだけを取り締まる法律なのだ。

ヘイトスピーチがダメなのは当たり前で、それは普遍的な価値観だから、誰から誰へのヘイトスピーチもダメなのである。一方だけを取り締まる条例を作ってしまったら、それ自体が差別になってしまうのは子供でもわかる理屈だ。ところがなんと、川崎市のヘイト条例は本邦外出身者（つまり非日本人）に対する不当な差別的言動の解消のみを目的としており、違反者、つまり、不当なヘイトスピーチを行ったと思しき人物または団体に市長が警告し、3回目の中止命令に従わなかった場合は50万円以下の罰金を科すというのである。これでは、２０１６年6月3日に交付された通称「ヘイトスピーチ解消法」という法律よりも条令のほうが厳しいということになってしまう。これは、条例制定権を定めた憲法94条違反の疑いもある。

私は仰天し、まだ審議中だった令和元年7月に、この条例の基となっているヘイトスピーチ解消法の制定において中心的役割を果たした政治家のひとりである自民党の西田昌司議員に公開質問状を送った。

質問文の全文を別途記載する。

令和元年7月29日
西田昌司参議院議員殿

「(仮称) 川崎市差別のない人権尊重のまちづくり条例」及びヘイトスピーチ解消法に関するご質問

ご存知の通り、現在、川崎市において、「川崎市差別のない人権尊重のまちづくり条例」の制定準備が進んでおります。この条例の大きな特徴のひとつは、本邦外出身者に対していわゆるヘイトスピーチを行った団体、または個人に対し、50万円以下の罰金が科せられるようになることです。罰則規定の追加は、この条例の元となっている「ヘイトスピーチ解消法」が理念法であった事実と一線を画するものです。私共は、このような条例が制定され、また拡散されていくことに危惧を抱いております。そこで、「ヘイトスピーチ解消法」制定の中心人物である西田先生にご質問させて頂きたく、是非、ご回答をお願い致します。

1　川崎市条例が法律の範囲を超えて罰則規定を設けることは、憲法94条違反であるとお考えですか? (西田議員は自身がホストを務める動画番組内で「条例が罰則を設けたら憲法違反だからできるはずがない」と断言している)

2　先生は以前、複数の番組で、「ヘイトスピーチ解消法」が一方通行だというのは誤解で、日本人に対するヘイトも罰せられる、と発言していらっしゃいますが、その根拠をお示し頂けますか？（そのようには読めませんので）

3　先生は、共産党員などが沖縄県の辺野古で米兵に対して「ヤンキーゴーホーム」と叫んでも、政治的発言なのでヘイトスピーチにならないとおっしゃっていますが、米兵家族に対してそのように叫んでもヘイトスピーチではないとお考えでしょうか？

4　同様に、昨今の日韓関係に鑑みて、来日中の韓国人に「コリアンゴーホーム」と叫んでもヘイトスピーチにはならないというお考えでしょうか？

海外でも特に先進国では差別やヘイトスピーチを禁ずる法律は存在します。しかし、いずれも「何人も何人に対して人種、肌の色、宗教、出自」などを根拠に差別したり、ヘイトスピーチを発してはならない」という双方向（any to any）の形となっております。

これは公平性の観点から当然のことです。多数者か少数者かは関係ありません。このような法律または条令において、「本邦外出身者に対する」として客体を固定する発想は、全ての市民を差別やヘイトから守るという趣旨に矛盾しています。また、そもそも「本邦外出身者」が「保護すべき少数者」であるという前提（思い込み）に立脚しているのもナイーヴと言わざるを得ません。現在、世界では移民の増加が主権を脅かす事態に繋がっており、移民を利用して浸透工作を実行する外国政府も存在します。移民が多数を占める街が治外法権のようになってしまう例も報告されています。日本でも、日本人（本邦出身者）が居住区における少数派となり、差別やヘイトスピーチの対象となってしまう可能性も否定できません。

当該法律や条令が「特定の集団に対して嫌悪感を露にした抗議活動を行う団体」をピンポイントで取り締まることを目的としていることは明らかですが、このような法律を作るのであれば、海外の例にならって、公平性と普遍性（any to any）を担保することが極めて重要であり、それなくしては、法律や条令自体が差別の原因になってしまうという矛盾をきたしかねません。また、「政治的発言なら許される」という定義も極めて曖昧だと言わざるを得ません。「ここに米軍基地を移設することには反対する」「在日韓国朝鮮人に特権を供することには反対する」は民族や出自を理由にしていないので、単なる意見の表出と見做しえますが、「ヤンキーゴーホーム！」「キル・ザ・ヤンキー！」「朝鮮人は出ていけ、虐殺されても仕方ない」と叫べば、政治的主張とは無関係なヘイトと見做されても仕方ありません。

西田先生の解釈に沿って、一部過激な嫌韓団体による発言がヘイトと見做されながら、共産党を含む極左活動家の発言は「政治的発言だからＯＫ」になってしまえば、それ自体が公正さを欠く差別となってしまいます。そこに具体的な罰則規定が加われば、益々悪用されるリスクが高まります。西田先生におかれましては、ヘイトスピーチ解消法制定の中心人物でおられます故、川崎市の条例にも多大なる関心をお持ちであると推察致しますところ、上記ご質問にお答え頂けますと誠に幸いです。

お手数ですが、8月2日までにご回答をお願いいたします。

もし、直接お目にかかってご説明した方がよろしければ、議員会館までお訪ねいたします。

何卒よろしくお願い申し上げます。

山岡鉄秀

（以上が送付した質問状の内容）

西田議員が中心となって作ったヘイトスピーチ解消法にせよ、川崎市の条例にせよ、「一方通行」になっていることに多くの人が強い違和感を覚えているはずだ。ヘイトスピーチ解消法が議論された当時も、この点を中心に問題提起されたはずだが、「罰則規定の無い理念法だから」などという言い訳で誤魔化されてしまっている。

これが私には信じられないのである。差別を禁じる法律は普遍的であらねばならないのに、あたかも「(日本人による)特定の民族集団に対するヘイトスピーチを禁ずる」と限定してしまったら、それ自体が差別の源泉になってしまう。なぜ立法府がこの根本的な矛盾に気がつかないのか全く理解できない。

また、この法律が(逆パターンである)本邦外出身者による本邦出身者に対するヘイトスピーチを規制していないのは明らかであり、ネット上でアップされている西田議員の動画内での説明は不正確である。

海外ではどんな条例があるか

私がこの件に強い関心を持っているのには理由がある。私はシドニーでの公有地への慰安婦像設置阻止活動の最中にオーストラリアにおける人種に基づく差別を禁じる法律について調べ、弁護士ともディスカッションを重ねていた。だから、この手の法律がどのようなものであるかが頭に入っていた。たとえば、１９７５年制定の「人種差別禁止法」は、禁止されるべき差別を次のように定義している。

「人種、肌の色、血筋、国または民族的起源、さらに移民ステイタスに基づく差別」

この法律では「公共の場における人種を根拠とする侮蔑行為をも禁じる」とある。

ここでは、どちらが本邦出身者で、どちらが本邦外出身者か、などという議論は出てこない。そんな概念を持ち出したら、それ自体が差別に繋がって矛盾してしまうからだ。一方通行にしたら意味がなくなってしまうのである。

私は西田議員に手紙を出す前に、懇意の弁護士と詰めた議論を行った。

その際に、弁護士から興味深い資料の提供を受けた。国立国会図書館調査及び立法考査局の小笠原美喜氏が雑誌「The Reference」に寄稿した「米英独仏におけるヘイトスピーチ規制」という論稿だ（２０１６年5月20日刊行）。アメリカや欧州の先進国におけるヘイトスピーチ規制の現状を確認するのに打ってつけの資料で、以下に要約する。

アメリカ

表現の自由に対する支持が強いといわれるアメリカだが、歴史的にはヘイトスピーチを規制する州法も存在した。しかし、1992年に連邦最高裁が「アメリカ合衆国憲法（Constitution of the United States）」修正第一条で保証される表現の自由との関係で、ミネソタ州セントポール市の「偏見を動機とする犯罪条令」を違憲と判断したことにより、アメリカにおけるヘイトスピーチに対する一般的な規制は難しくなった。

イギリス

アメリカと違い、イギリスは昔から憎悪扇動を規制するコモン・ローや制定法を有し、1936年に制定された公共秩序法が数次にわたる改正を経て今日に至っている。現在有効なのは1986年制定の「公共秩序法」で、その第3部が「人種的憎悪」と題され、人種的憎悪扇動の禁止について規定している。イギリスは憎悪扇動に対する法的規制を公共秩序の維持という観点から行ってきた。その法的規制の適用範囲は、少数派に対する憎悪の扇動に限定されず、少数派による多数派への憎悪扇動にも適用されて来た（例：黒人→白人）。ただし、規制の対象を特に悪質なものに限定するために、追訴には法務長官（Attorney General）の同意が必要になっており、憎悪扇動罪の訴追件数は一貫して少ない。表現の自由を最大限に保護する目的でそのような運用となっている。

ドイツ

ドイツでは、「刑法第130条第1項及び第2項」で民衆扇動罪を規定しており、これがヘイトスピーチ規制の根拠となっている。民衆扇動罪は、反ユダヤ主義が第二次大戦終結後も衰えず、1950年代以降さらに強まったために、カウンターするために制定された。しかし、条文上、保護の対象はユダヤ人に限定されず、広く「住民の一部」となっている。それゆえ、判例が認めた保護対象の集団には、カトリック、プロテスタント、外国人、難民申請者、留学生など、ユダヤ人以外にも様々な集団が含まれている。同条は、刑法典第7章「公共の秩序に対する罪」に位置しており、「公共の平穏」を主な保護法益としていると解釈されている。

フランス

フランスでは、通称「出版自由法」と呼ばれる「出版の自由に関する1881年7月29日の法律」がヘイトスピーチ規制の根拠となっている。フランスは1971年に国連の「あらゆる形態の人種差別の撤廃に関する国際条約」を批准し、以降、出版自由法にも様々な改正が加えられ、人種等を理由とする差別、暴力行為、憎悪の扇動が処罰されることになった。この背景には、フランスにおいても、戦後、ユダヤ人に対する差別事件に加え、元植民地出身者や外国人労働者への差別事件が増加したことがある。しかし、保護対象を人種や民族で特定してはいない。同法にはさらに、「性的志向を理由とする差別の禁止」や「ホロコーストに異議を唱えることの禁止」などが加わっていく。

以上、アメリカ、イギリス、ドイツ、フランスの4か国におけるヘイトスピーチ規制の在り方について概観すると、まず、アメリカと欧州ではアプローチに大きな違いがあることがわかる。次に、欧州3か国においても適用実態に違いがあることがわかるが、共通していることがある。それは、いずれの国の法律も、少数派保護を目的としたものではなく、少数派から多数派に向けられたヘイトスピーチにも適用されるという点である。

（以上、山岡による要約）

これで、私が一貫して主張していることが明確に裏付けられたと言えるだろう。すなわち、ヘイトスピーチを規制する法律は先進国では珍しくないが、たとえ元々の制定の動機が、特定グループへの差別を抑止することだったとしても、条文自体はいずれも双方向を旨とし、日本のように保護対象を特定した一方通行のものはないのである。これが世界の常識なのだ。

ちなみに、著者の小笠原氏は論稿の終わりに次のように付記している。

「本校脱稿後の2016年4月に、『本邦外出身者に対する不当な差別的言動の解消に向けた取組の推進に関する法律案』が自由民主党及び公明党によって参議院に提出されたとの報に接した。（中略）これを機にヘイトスピーチへの対応に関する議論が一層深まることが期待される」

はたして、国会議員の何人がこの小笠原氏の論稿を読んで勉強しただろうか？　誠に心もとないと言わざるを得ない。

令和元年8月2日。こちらが設定した回答期日を過ぎても、西田昌司議員からはなんの音沙汰もなかった。永田町の議員事務所に電話して秘書さんに尋ねると、確かに私が書いた質問文のFAXは届いているのだが、議員が回答してくる気配がなかった。なんでも、抗議のFAXや手紙が多数届いていて、その中に紛れてしまっていたというのだが、私が送ったのは抗議文ではなく、質問文である。従来の西田議員なら即答できるはずなのだが。回答期限を2週間近く過ぎた8月14日になってようやく秘書の方を通じて回答があった。

●質問に対して正式にコメントを出すことはできない。
●自治体条例であるため、国会議員として正式にコメントすることはできない。
●自治体市長も議員も選挙によってえらばれているので、その判断に委ねる。
●ヘイトスピーチ解消法に関しては罰則化は考えていない。
●双方に対して罰則を求めず、柔らかいモラル法としている。
●条例と法は異なるので、条例に関してはあくまでも自治体として対応すべき。

以上が西田議員からの回答である。

一転して消極姿勢になっており、私の質問には答えていない。条例に関してはコメントできないとのことだが、西田議員自身の過去の発言に関する質問に答えられない理由は何だろうか？　西田議員はこれまで批判には積極的に答えてきたし、在特会（在日特権を許さない会）のメンバーを自身の番組に招いたこともある。私も番組に呼ばれるかもしれないと思っていた。

もちろん、ヘイトスピーチは許されない。ヘイトスピーチを規制する法律の制定に反対するものではない。しかし、世界の例に学ぶこともなく、逆差別を招いたり、表現の自由を侵害したりしかねない法律を作り、「理念法だから大丈夫だ」と言い訳し、「罰則を設ける条例は憲法違反だ」と断言しながら、現実にそのような条例が作られそうになると、「法律と条令は違うからコメントできない」では無責任極まりないと考えるのは私だけだろうか？

ちなみに、川崎市の条例には以下のように付帯決議がついた。

附帯決議案（「」は加筆）

1　本市における本邦外出身者に対する不当な差別的言動の状況、本条例の目的や施策の内容等について広く市民に周知徹底を図り、市民の理解の下、本条例を円滑に施行していくよう努める事。

2　本邦外出身者に対する不当な差別的言動以外のものであれば、いかなる差別的言動であっても許されるとの理解は誤りであるとの基本的認識の下、本邦外出身者のみならず、日本国民たる市民「以外の市民」に対しても不当な差別的言動が認められる場合には、本条例の罰則の改正も含め、必要な施策及び措置を講ずる「検討する」こと。

3　前項に掲げるもののほか、不当な差別のない人権尊重のまちづくりを一層推進するため、本市における不当な差別の実態の把握に努め、その解消に向けて必要な施策及び措置を講ずること。

付帯決議に尽力した自民党議員には敬意を表するが、つくづく珍妙である。付帯決議に法的拘束力はない。もちろん、無いよりはましだが、条文と矛盾するような付帯決議のある条例は不良品だ。なぜ、当たり前に世界基準に合わせられないのか？　こんな基本的なこともできないようでは先進国とは呼べない。

現在、相模原市でも同様の条例が準備されているという。諸外国に倣って、まっとうな法律（条令）を作ろう。人種や出自に関係なく、すべての人が守られる当たり前の社会を作ろう。それができたとき、日本は先進国の入り口に立てるだろう。

元凶は戦後植え付けられた韓国人の「対日憎悪」

朝鮮近現代史研究所所長
松木《まつき》 國俊《くにとし》

１９５０年、熊本県生まれ。
慶応義塾大学法学部卒業。
１９８０～８４年
豊田通商ソウル事務所駐在。
２０００年同社を退社、
松木商事株式会社設立、代表取締役。

現在、朝鮮現代史研究所所長。

著書に
『従軍慰安婦強制連行はなかった』（明成社）
『ほんとうは『日韓併合』が韓国を救った』、
『こうして捏造された韓国千年の恨み』（ワック）
『日本が忘れ韓国が隠したがる本当は
素晴らしかった韓国の歴史』（ハート出版）
他多数

監修に
『今こそ韓国に謝ろう』（百田尚樹著　飛鳥新社）
など

なぜ日本に「嫌韓感情」が芽生えたのか

「ヘイトスピーチ」と称される言動を私は決して肯定しない。

他民族をひたすら憎悪し、口汚く罵ることは、自己の「民度」の低さを周りに知らしめ自分を貶めるだけの愚かな行為である。

しかし、それはあくまで倫理道徳上の問題であり、法律が踏み込むべき領域ではない。法律によって人の思いを変えることはできないのだ。ヘイトスピーチ問題は「憎悪の感情」を持つに至った原因を究明し、それを取り除かない限り根本的解決に至らならないだろう。

戦後生まれの世代にとって、韓国人や北朝鮮人は単なる「外国人」であり、何もなければ彼らへの憎悪など生じるわけがない。しかし現実に「嫌韓感情」が存在する。なぜだろうか。

結論から先に言えば、朝鮮半島の人々が日本を憎悪し、日本人を貶め続けているからである。

誰かを憎めば必ずその気持ちが相手に伝わる。インターネットが普及した現代であればなおさらだろう。パソコンを開けば、韓国人が「NO　Japan」を叫んで日本製品を叩き壊す場面が目に飛び込んでくる。東京五輪を妨害するために、放射能防護服を来た聖火ランナーのポスターまで作って世界に拡散している実態がリアルタイムで分かる。放射能の風評被害と必死に戦っている福島の人々を思えば、人道上許される行為ではない。悔しくて涙さえでる。

これでは日本人に韓国への嫌悪感を持つなという方が無理ではないだろうか。

戦後捻じ曲げられた韓国の歴史

ではなぜ韓国人は平気で、あたかも当然の権利であるようにここまで日本人の心を傷つけるのだろう。それは韓国の初代大統領李承晩が政権の正統性と求心力を高めるために、歴史を勝手に作り変えたのが発端だった。

日本統治時代の韓国人は日本人と同等の権利と義務を有し、「世界の一等国民」という立場にあって、朝鮮半島の経済発展に邁進していた。ところが終戦によってそれまで莫大な資金と技術、社会システムを取り入れて来た日本との関係が突然断絶し、一挙に最貧国に転落して政治・経済は混乱を極めた。当然ながら一般人の間には「日本統治時代の方が良かった」という郷愁が広がって行った。

さらに、独立するなら日本と併合条約を締結した李氏朝鮮が復活してしかるべきだとの筋論もあり、実際に李朝の正式な後継者である李垠（リ・ギン）殿下が日本に滞在していた。彼は李朝再興を強く希望したが、李承晩はこれを許さず、共和国を建国して最高権力者の座についた。

そこで李承晩は、このような不満や筋論を封じ、同時に自己の政権を正当化するために「李氏朝鮮は日本に完全に亡ぼされた」「自分たちが上海に大韓民国臨時政府を立ち上げ、その軍隊（光復軍）が連合軍の一員となって日本軍と戦い、日本の残虐な植民地支配から韓国人を解放するために貢献した」と歴史を徹底的に歪曲したのである。

日本統治時代を肯定的に評価する多くの人々が「売国奴」として投獄され、学校では極端な反日教育が始まった。その後の歴代政権も、国民をまとめるための手段として反日政策を継承し、反日教育はますます過激なものとなって行った。今では韓国の小学校から高校までの社会・歴史教科書はどれもが捏造された「日本人の蛮行」で溢れている。

日本への憎悪を植え付ける「反日施設」

学校ばかりではない。私は2018年4月にソウル南方の天安市にある「独立紀念館」を訪れた。ここは韓国政府の管理下にある巨大な反日施設である。展示内容は「日本人の残虐行為」を強調するために史実を歪曲したものが多く、慰安婦コーナーでには「性奴隷」にするために、朝鮮人女性を捕まえてトラックに積み込む場面のジオラマがあった。これは吉田清治という日本人詐話師が「自分たちが済州島で女性を拉致してトラックで運んだ」と朝日新聞に語った内容をそのまま再現したものに違いない。全くの作り話であり、吉田氏本人も後に「嘘」であることを認め、朝日新聞も「虚偽報道」を謝罪しているが、それがここでは今なお「史実」として扱われている。

当時は朝鮮人悪徳女衒が少女を拉致して売り払う事件が相次ぎ、日本の官憲が必死で救出していた。それを「日本人官憲が拉致した」と、180度逆さまにして子供たちに教えているのだ。

日本の官憲による拷問場面も多くあり、中には女性独立運動家の手足を縛り、太い棒を足の間に差し込んで捻じるシーンもあった。動く蝋人形を使って再現しており、骨の砕ける音と共に悲鳴があがる。私の隣で震える子供に「これが日本人のやることだ。よく覚えておけ」と父親が教えていた。

これは李氏朝鮮時代に成人男子に対して行われた「周牢（チュリ）」という拷問であり、日本統治時代は残虐すぎるとして禁止されていたものである。それがここでは日本の官憲が朝鮮の女性に対して行ったことになっているのだ。

同様の反日施設は他にも韓国各地に多数あり、小中学生が課外授業の一環として連れてこられる。

こうして日本人の残虐性ばかりを教えられて育つ韓国の子供たちは、日本を心から憎み、復讐心に燃える「立派な愛国青年」へと成長し、今では韓国社会の中枢を占めるまでになっている。

日本への復讐に燃える人々

五百年以上も儒教文化にどっぷりつかった韓国人にとって、「過去を水に流す」という観念は全くない。「残虐な植民地支配下で虐待された」と信じている韓国人は、できることなら日本列島を植民地にし、日本人を虐待することで恨みを晴らしたいはずだ。

拓殖大学教授の武貞秀士氏も、韓国人の日韓問題研究者に「日本はどうしたら許されるのか」と質問したところ、「韓国が35年間日本を植民地統治して初めて我々の気持ちは収まる」と答えが返ってきて暗澹たる気持ちになったと述べている。

しかしながらそれは現実的に不可能である。彼らはその代償として日本を徹底的に貶め、千年先まで日本人が世界中から侮蔑されることで、その恨みを晴らそうとしているのではないだろうか。

Voluntary Agency Network of Korea（通称ＶＡＮＫ）という、会員15万人を擁する反日市民団体がある。その主たる活動は、インターネットを駆使して国際社会での日本の地位を失墜させるための「ディスカウントジャパン運動」である。この団体は韓国政府から資金援助を受けており、歴史問題をはじめ竹島問題、旭日旗問題などをめぐり、日本を誹謗・中傷する情報を日夜海外に発信し、世界の人々に対して「日本人への侮蔑意識」を煽っている。前述の「放射能防護服ランナーポスター」もＶＡＮＫが作ったものだ。彼らを突き動かしているのは、反日教育で植え付けられた「日本への復讐心」以外に考えられない。

ソウルの日本大使館前に慰安婦像を設置した「韓国挺身隊問題対策協議会」（現在の名称「日本軍性奴隷制問題解決のための正義記憶連帯」）の活動目的も、「問題の解決を求めること」ではなく「日本人の残虐性を世界に周知させる」ことだろう。世界中に慰安婦の像や碑を建て、そこに「日本軍によって20万人の女性が性奴隷にされた」と虚偽の説明文を刻んでいるのも、日本人を永久に貶め「日本への復讐」を果たそうとしているからに違いない。

国会議員も同様である。２０２０年4月の総選挙で圧勝した与党「共に民主党」の議員たちは、日本統治時代を肯定的に評価するものを厳罰に処す「対日称賛禁止法」を作り、世界に向かって「ホロコーストと比肩すべき日本の残虐行為」をアピールすると息巻いている。

やるべきことは韓国の「誤解と偏見」を糺すこと

官民を挙げた韓国の反日暴走は止まるところを知らない。それはすでに常軌を逸しており、もはや国家ぐるみの「対日ヘイトアクション」といっても過言ではない。

身に覚えのない「濡れ衣」を着せられて侮蔑され、世界中に悪口を喧伝されるなら、日本を愛する人々の心に「韓国への怒り」が生じるのは当たり前だろう。その怒りが歪んだ形で噴出したのが所謂「ヘイトスピーチ」なのだ。

そのような「人間的感情」を無視したまま、法律で罰則まで設けてこれを禁止するのは、猿ぐつわをかませて無理やり黙らせるのと同じだ。口を封じたところで、心の中ではやり場のない屈辱感と憤怒が渦巻き、憎しみが鬱積し、やがて爆発して別の形での「報復行為」が発生する可能性すらある。

「ヘイトスピーチ」を本気で無くそうとするのなら、為政者は日本国民に猿ぐつわをして表面をつくろうのではなく、その元凶が度を越した「対日ヘイトアクション」であることを明確に指摘して、韓国側に猛反省を促すべきである。それと同時に、歴史を歪曲して日本人への憎悪を刷り込む「反日教育」を即刻是正するよう、韓国政府に強く要求しなければならない。憎しみは憎しみしか生まないからだ。

こうして韓国人の誤解と偏見を糺し、日本人の名誉を守ってこそ両国民の心から互いへの憎悪が消え去り、いつの日か真の和解の日が訪れるに違いない。

ヘイトスピーチ規制は全体主義に通ずる

１９６０年、東京都生まれ。
獨協学園高校卒。

１９９０年代から、北朝鮮、中国の人権問題や
脱北者の支援活動に取り組む。
保守派の論客として
『諸君！』、『正論』、『別冊宝島』、
『月刊日本』、『表現者』などに寄稿。

著書に「渡辺京二」（言視舎）
「ドストエフスキーの戦争論」（萬書房）
「なぜ秀吉はバテレンを追放したか」（ハート出版）
など。

現在、アジア自由民主連帯協議会事務局長。

評論家
三浦《みうら》 小太郎《こたろう》

歴史の隠蔽と偽善がヘイトを生む

今回のヘイトスピーチ規制法に対して様々な議論が起きているが、まず、このような法律が制定されたことの背景には、現代日本社会の問題、特に朝鮮半島や中国をめぐる言論活動の矛盾が集約されていることを考えておかなければならないだろう。

朝鮮半島と日本の関係においては、常に日韓併合以後、いわゆる日本統治下の歴史評価の違いが論点に挙げられてきた。ほぼ1980年代まで「良心的」「進歩的」とされる日本知識人の多くは、1965年に発行された朴慶植の著作『朝鮮人強制連行の記録』（未来社）に代表される、日本統治は朝鮮人に対する残酷な植民地統治であり、在日朝鮮人は故郷を追われたか、もしくは強制連行で日本に連れてこられた歴史の犠牲者であるという歴史観が受け入れていた。朴慶植は朝鮮大学校での教員も務めた総連系の知識人であり、彼の立場は次のような文章に明確に表れている。

「アメリカ帝国主義の指図の下で強行されている『韓日会談』は、日本帝国主義が朝鮮に侵入し、強奪を勧めた情勢を彷彿させるものであり、現在日本独占資本はアメリカ帝国主義を背景にして堰を切っておとす如く、南朝鮮に進出しつつある。」（1頁）「（在日朝鮮人の）大部分が、朝鮮民主主義人民共和国の在外公民である」「在日朝鮮人は日本を占領したアメリカ帝国主義と、それに従属している日本軍国主義により民族的差別と迫害政策の下で基本的人権をはじめ、生活圏、教育権など、多くの権利が阻害されてきたし、現在もまた疎外されている」（334頁）

この歴史観と現状認識は、本書が書かれてから50年以上経過した現在も、朝鮮総連、およびそれに同伴する日本知識人が多かれ少なかれ受け入れているものである。この歴史観が完全に無視、もしくは排除したのは、日本統治時代の朝鮮半島の近代的発展といったプラス面だけではない。より重要なのは、戦後在日朝鮮人史における事実上の歴史捏造と歪曲である。

戦後、日本国内で直ちに結成された最も大きな在日朝鮮人組織は在日朝鮮人連盟（朝連）であった。彼らは北朝鮮支持と日本革命を政治目的とし、日本共産党と共に激しい運動を展開する。この朝連がGHQにより解散させられて以後、秘密組織として祖国防衛隊、合法組織である「在日朝鮮統一民主戦線」（民戦）が結成され、朝鮮戦争時には様々な暴力闘争が、日本共産党の山村工作隊などと連携しつつ行われた（「血のメーデー」はその代表である）。これらの「暴力革命」運動がすべて敗北に終わった後に結成されたのが朝鮮総連であり、その後在日朝鮮人を北朝鮮に送り込む帰国運動が全面的に展開されるようになる。この帰国運動で、1959年から1984年にかけて北朝鮮に渡っていった9万3千人の在日朝鮮人と、約2000名の朝鮮人と結婚した日本人（殆どが女性）が、北朝鮮で、飢餓と抑圧、そして差別に苦しめられ、最悪の場合は政治犯収容所に送られたという事実を、今も朝鮮総連は認めておらず「謝罪」も「戦後責任」も取ろうとはしない。

私は90年代以後、日本で生じたいわゆるヘイトスピーチ、特に朝鮮人を害虫呼ばわりするような発言を弁護する気は全くない。むしろ、今回のヘイトスピーチ規制法にいかに問題があろうと、それを生み出したのはそのような悪しき言説であることは明らかだ。ただし、その言説が生まれた背景には、一方的に日本を悪玉とみなし歴史の多面性を見ない歴史観、在日朝鮮人運動史の悪しき面の隠蔽、朝鮮総連や朝鮮学校の内実と犯罪性（そこでは残酷な粛清も、また拉致事件へのメンバーの関与も行われてきた）を看過し、一方的に迫害されるマイノリティーとして弁護しようとする一部知識人やメディア（日本人、朝鮮人を問わず）の偽善と嘘も大きな要因として存在する。

日本人へのヘイトスピーチは規制されるべきか？

ヘイトスピーチ法を制定するならば、日本人に対するヘイトもまた規制対象であるべきだという説があり、私はもしも法規制を前提とするならばそれは正論だと思う。実際、朝鮮総連は、現時点でも事実上のヘイトを展開している。機関誌「朝鮮新報」は、北朝鮮独裁体制を讃美し、収容所で強制労働下で死に至らしめられている無実の人々（そこには自分たちが送り出した帰国者も日本人妻も含まれているのに）のことは一言も触れず、一方、日本は「40余年間わが民族を虐げ、20万余人の朝鮮女性を日本軍性奴隷とし、840万余人の青年たちを強制連行し、100余万人を虐殺したと決めつけ「日本の歴史的罪悪を総決算し、わが民族の血の代価を必ずや払わせる」（朝鮮新報2019年3月4日記事「日本の過去清算求める立場表明／朝対委声明（要旨）」などという民族間の憎悪を煽る言説を掲載している。

そして、北朝鮮の人権問題に対し、最も早い時期に正面から人権改善や民主化を求めて立ち上ったのは、良心的な左派知識人や在日韓国・朝鮮人、特に北朝鮮に渡った親族が同地でひどい迫害を受けた帰国者家族たちが中心だった。しかし、1993年から94年にかけて、彼らを中心に「RENK（救え！　北朝鮮の民衆／緊急行動ネットワーク）」「北朝鮮帰国者の生命と人権を守る会」などの人権団体が結成されたとき、朝鮮総連は集団で会場に押しかけ、ヤジと暴力で集会を妨害した。そこでの怒声（「民族反逆者」など）はヘイトスピーチそのものだった。ついでながら私個人も、多少なりとも脱北者救援に関わっていた時期、総連の機関誌で一度「人さらい」呼ばわりされたこともある。果たして朝鮮総連やその機関誌発行者は、これらの言論によって「ヘイトスピーチ規制」の対象となるべきだろうか？

私の考えでは、あくまで「言論」の範疇である限り、これらの総連の言論も、法的規制や処罰の対象にすべきではない。ただし、集会の場での妨害行為や暴力は、現行法によって取り締まられるのは当然である。また日本人によるヘイトスピーチや個々人への罵倒や非難は、脅迫、名誉棄損などの法的対象となることには異論はないが、言論それ自体を法的規制については慎重であるべきだと考える。私のこの意見は双方からの批判を受けるものかもしれないが、以下に紹介する著作から学んだうえでの現時点での結論である。

表現の自由を脅かすもの

アメリカのジャーナリスト、ジョナサン・ローチの著書『表現の自由を脅すもの』（角川選書）の翻訳は１９９６年に出版されているが、現在は絶版のようだ。しかし、このヘイトスピーチ法をめぐる議論を考える上で、賛否いずれの立場であれ読まれるべき本である。同書は、アメリカの、特にジャーナリズムと学会現場における言論タブー、現在の言い方を借りれば、ポリティカル・コレクトネスの問題を正面から論じたものだ。

アメリカでは１９６０年代の公民権運動、ベトナム反戦運動、そして既成の価値観に否をつきつけた様々なカウンターカルチャーの出現により、言論界やアカデミズムにおいて、以下のような声が「良識」として定着するようになった。「社会における少数派や弱者、抑圧者の声には、多数派は配慮し耳を傾けるべきだ。民族に対する歪んだ固定概念は差別であり、差別的発言は人々を傷つけ、また社会を偏見に導くので厳しく罰しなければならない」。

これらの良識そのものはいずれも正当なものである。しかし、この「良識」が逆に圧力として作用し、少しでも「差別的」とみなされた言論が、単なる抗議ではなく、処罰や、時には社会的抹殺の対象になりかねない事態を招きかねない現象が現れた。多くの実例が本書では紹介されているが、このヘイトスピーチ法を考える上で最も重要と思われるものを紹介する。

１９９０年、あるテレビ解説者が、なぜアメリカのプエルトリコ人は、他のスペイン系のグループよりも経済状態がよりひどいかという質問を受けた。解説者は、それは重大な家族問題があるからだ、何千人という未婚の母がおり、貧困から逃れようとして生活保護に頼るか、或いは新たな配偶者を得ようとするが、その配偶者も又じきに離れていき、かつ子供たちは後に残してゆく、それで一層問題は悪化する、という趣旨のことを述べた。

この発言に対し、これは「女性差別だ」「歪んだ固定概念だ」という抗議が沸き上がった。この解説者は謝罪したが、抗議者たちは許さなかった。彼らの代表的な声は次のようなものだった。「彼の論評はブエルトリコ人社会に対する侮辱であった。言論の自由は、ある社会を侮辱する権利ではない。」

「言論の自由はある社会を侮辱する権利ではない」という言葉は、日本をはじめ、多くの先進国で、とりわけ善意の人々によって歓迎されることだろう。またこの言葉は「言論の自由は人を傷つけてもよい自由ではない」、「他人の信仰を侮辱してもよい自由ではない」などといくらでもバリエーションを生み出すだろう。しかし、ローチはこの言葉は、ホメイニ師が、文学者サルマン・ラシュディに対し、預言者ムハンマドを侮辱した作品を書いたという理由で処刑宣告をした論理を正当化しかねないと指摘している(これは日本にとっても他人ごとではないのだ。『悪魔の詩』の日本語翻訳者・五十嵐一氏は、ここ日本で1991年に殺害されたのだ)。ホメイニにとってラシュディの言論こそ「人を傷つけ、信仰を侮辱」し、自らの神聖体制をゆるがすものであった。このローチの比較は決して極論ではない。人道主義者たちがしばしば唱える「人を傷つける言葉は、一種の暴力である」という論理は、このホメイニの論理と紙一重のものなのだ。

「ミシガン大学のある法学教授は、『私にとって、人種的あだ名は言論ではない。それは銃弾である』と言った。最終的に言って、ここに、人道主義の立場の行き着く先がある。つまり、理論上も、そしてまた実際上も、議論と銃弾との区別が消し去られてしまうということである。」（『言論の自由を脅かすもの』207頁）つまり、ラシュディは（そして五十嵐も）イスラム原理主義者を言葉で傷つけた。そこで彼らは危害を加えて報復した。言葉が弾丸であるのならば、それも正当なことになってしまうのだ。言葉は言葉である。暴力は暴力である。そこには厳しい一線が敷かれなければならない。

人種的な差別言語は言論ではない、人を傷つける、侮辱する言葉は暴力である、というのならば、それは誰が、どんな基準で判断できるのだろうか。言葉を暴力と考えるのならば、それに対処する手段は、その発言者を罰し沈黙させることを許された公的、私的な権力機構と、その言論が人を傷つける暴力であるか否かを判断する権利を持った当局者（たとえ善意によるものであれ）の存在である。それはかってキリスト教会で猛威を振るった「異端尋問」の復活なのだ。

差別や無知からの言動にどう対処するか

ローチは、さらに過激なまでに一貫して、差別的、もしくは無知な言動や、それによって傷つく人々の問題についても次のように述べている。

「（馬鹿げた言葉で傷つけられた人たちがいた時）傷つけられた人たちの気持ちをやわらげ、その被害を補償し、加害者を罰するには、何がなされなければならないのか。それは、ただこうである。絶対に何もしない。何もいらない。」

「気持ちを傷つけられない権利というものが確立されると、より礼儀正しい文化に至るどころか、誰が誰にとって不愉快だとか、誰がより多く傷つけられていると主張することができるかと言ったことをめぐって声高な泥仕合が起こるだろう。」

「いくらかの人たちは常に他者を傷つけるようなひどいことを平気で言うというのが、不幸な現実である。彼らが財産を破壊したり、暴力をふるうというのでなければ、無視するか、批判すればいい。しかし、彼らを罰するために権力者をこしらえてはならない。」

「有害な意見と不人気な意見を区別するほどに手の込んだガイドラインを作ることは、到底よくなし得ることではない。実際には、政治権力者の気に入る意見と彼らにとって都合の悪い意見との区別になってしまうだろう。」（『表現の自由を脅すもの』）

私もこの意見に１００％賛同することは難しい。特に、インターネットにおける様々な匿名の誹謗中傷が、人を傷つけるだけではなく精神的な病や死に追いやりさえしている現状は、ローチにも想像できなかったろう。だが、ローチ自身、ユダヤ人であり、かつ同性愛者であることもローチは著書の末尾でさりげなく示唆し、その上で、ある大学生が「ホモは治療しうる病気だ」と発言し、大学から処分を受けたことを実例として挙げている。ローチ自身、このような言葉がいかに同性愛者を傷つけ、社会に害をもたらすかを認めている。しかし、この学生がそのような発言をする自由は完全に認められるべきだとする。

その理由は、間違った意見を抑圧したところでその意見は抹殺されるわけではなく、天下にさらされ、議論を通じる形でしかその悪しき考えの過ちを指摘することはできないからだ。そして、悪しき言論を抑圧するシステムは、いつか必ず、正しき言論をも抑圧するシステムになりかねないのだ。

差別的な言論が、直接的な暴力や制度的な差別に結び付くのならば、私は断固として許してはならないと考える。その意味で今回のヘイトスピーチ法第5条の「何人も、人種、国籍、民族、信条、年齢、性別、性的指向、性自認、出身、障害そのほかの事由を理由とする不当な差別的取り扱いをしてはならない」に対しては全面的に賛成だ。しかし「不当な差別的取り扱い」、つまり現実に社会における差別を解消すべきことと「差別的言論」を禁ずることとは次元の違う問題である。また、ネットなどにおける誹謗中傷に対しては、個々の裁判の簡略化、匿名発言の特定など、また別の対処の方法もあるはずだ。

オウム真理教事件とユダヤ陰謀論

最後にもう一つの例を挙げておきたい。

1995年、サリン事件を起こしたオウム真理教の機関誌には、ユダヤ・フリーメイソン陰謀史観、ノストラダムスに代表される終末預言が掲載されていた。その多くは、書籍で自由に買うことができる様々な陰謀史観やオカルト本、そしていわゆる反ユダヤ陰謀論の内容を、さらに誇張し歪めた形で展開したものだった。

また、オウムは阪神大震災を「地震兵器」によるものとみなし、これを事実上の世界最終戦争の始まりと考えていた。地震を引き起こしたのは、ユダヤ・フリーメイソンに代表される、物質文明と唯物論を信奉する国際的な陰謀組織であり、それは国連や欧米をほぼ支配下におさめており、日本の支配層もそれに侵食されている、これからはオウムに代表される精神文明を信ずる勢力と、この陰謀組織との戦いが始まると説き、最後にはこの妄想はサリン事件という無差別テロを引き起こした。

では、私たちはオウムに影響を与えたとされる本を全て書店や図書館から排除すべきなのだろうか。そんなことをすれば、逆に「真実であるからこそ抹殺された」という新たな陰謀説を生み出すだけであろう。

オウムの無差別テロや、坂本弁護士事件などのいくつもの犯罪行為は、当然法の裁きを受けるべきである。しかし、いかに反社会的な存在であれ、法律が裁けるのは彼らの犯罪行為と、その犯罪を行った組織及び個人に対してであり、個々の人間の思想や言論ではないのだ。繰り返し言う。間違った言論が裁かれ抑圧される世界では、いつか、正しい言論も抑圧されるのだ。

川崎ヘイト条例と特別永住者資格が違法である理由

外国人犯罪対策講師
坂東《ばんどう》 忠信《ただのぶ》

宮城県出身。
昭和61年警視庁巡査を拝命後、
交番勤務員、機動隊員、刑事、
北京語通訳捜査官として
新宿、池袋などの警察署、警視庁本部で勤務。
北京語通訳捜査官として、
中国人犯罪の捜査活動に多く従事。
平成１５年、勤続１８年で警視庁を退職。

退職後は地方県警部外司法通訳として活動の後、
作家として執筆、
保守論壇に加わっての講演活動を展開し、
わかりやすくお伝えすることを信条に
テレビ・ラジオなどにも出演。

外国人犯罪対策講師として、日本の危機と中国の脅威、
中国人犯罪の実態を訴える活動を継続中。

著書に『在日特権と犯罪』（青林堂）
『亡国の移民政策』（啓文社）他多数。

令和2年の初頭から話題はコロナ一色となり、引き続き発生している諸々の事象を忘れてしまいそうになりますが、放置しているといずれ民族を滅ぼす害悪となる可能性があるのはウイルスだけではありません。

国会で定めた法にすら罰則規定がないにもかかわらず、「川崎市 差別のない人権尊重のまちづくり条例（通称・川崎ヘイト条例）」が令和元年（2019年）12月16日から施行されています。しかも条例には罰則規定として最高50万円が日本人に課されます。

この運動を推し進めて条例化した勢力は障碍者や社会的弱者、いわゆる「マイノリティー」の存在をテコとして社会運動を展開する左翼系ですが、特に今回中核となっているのは、川崎市を「川崎国」化しようとする地元の特別永住者を中心とした半島系特定民族関係者であることは誰が見ても明らかです。そして彼らは川崎での条例化実現をその足がかりとして、全国各地で同様の条例実現を提案し、既に全国各自治体でその時を待つ「自治基本条例」などと連動した効力の発揮を狙っていることと思われます。

しかしながら、この条例の保護法益に「特別永住者」が含まれるかを調べてみたところ、法として、いや特別永住者という身分の存在自体に致命的欠陥を発見。またこの運動を担った中心勢力「特別永住者」資格の違法性についてお伝えいたします。

人種差別とは

「川崎市差別のない人権尊重のまちづくり条例」においては、「本邦外出身者に対する不当な差別的言動の解消に向けた取組の推進」として「⑵本邦外出身者に対する不当な差別的言動の禁止」が素案の段階から掲げられています。

これには「何人も、市の区域内の道路、公園、広場、駅その他の公共の場所において、次に該当する『本邦外出身者に対する不当な差別的言動』を行い、又は行わせてはならない」とあり、その禁止事項の具体的なものとして、

「特定の国若しくは地域の出身である者又はその子孫（以下「特定国出身者等」という。）を、本邦の域外へ退去させることをあおり、又は告知するもの」

とあります。これだけでは残念ながら問題の本質が見えません。

まず条例（地方自治体の議会が制定する法）は、〈命令（行政が制定する法）〉法律（国が国会を経て制定する法）〉日本国憲法、という序列にあり、上位法を優先する大原則のもとに各法が制定され、運用されています。条約と憲法の関係については国家主権を尊重する観点から諸説ありますが、条約を締結した際には、内閣法制局が事前にこれを徹底精査し、憲法に抵触しないか、矛盾が

ないかを調べてから国会での承認・批准へと進みます。

そこで、日本が既に批准している「**人種差別の撤廃に関する国際条約**」、いわゆる「人種差別撤廃条約」を見てみましょう。

この条約が撤廃しようとしているのは言うまでもなく人種差別そのものですが、何を持って人種差別というのか？

同法第1条の1に、その概念が明記されています。

そこには、

「この条約において、「人種差別」とは、**人種、皮膚の色、世系又は民族的若しくは種族的出身に基づくあらゆる区別、排除、制限又は優先**であって、政治的、経済的、社会的、文化的その他のあらゆる公的生活の分野における平等の立場での人権及び基本的自由を認識し、享有し又は行使することを妨げ又は害する目的又は効果を有するものをいう。」

とされ、明確に「世系」「民族」「種族的出身に基づく」「優先」を人種差別であるとしています。つまり、本人の資質やスキルではなく、特別永住者を「国籍離脱者とその子孫」とする「世系」で滞在資格を認定し、他の外国人に比して優遇される身分としての「特別永住者」資格の存在そのものが、人種差別撤廃条約違反なのです。

その最たるものは、国交に影響するような罪でない限り、何人殺しても実質的に強制送還がないことでしょう。この資格は国籍ではなく「世系」を条件とし、他の外国人にはない「優先」要素が明確に存在します。

我が国は1995年にこの条約に加入していながら、その後も「世系」の「優先」を「入管特例法」（1991年施行）で認め、**条約違反状態を継続中**なのです。

現在、朝鮮学校への公的補助や朝鮮総聯関連施設に関する税の減免などは公共性がないとして撤廃されているため「民族的若しくは種族的」な人種差別についてはなくなっています。特定の民族学校への公的補助は、他の民族の学校に「優先」することとなるため、「不当な優遇」に該当するからです。こうした理由などでメリットを失ったからか、特別永住者人口は徐々に減少しており、特にその99％を占めていた韓国朝鮮籍はここ5年で全体の9割を切るまでに全体における割合を減少させています。逆にこうした減少傾向の中にも、ほぼ3世代70年以上もその国籍の帰属にしがみつき、反日要素を多分に含む民族性の濃度を増していると言えるでしょう。

また日本政府としても、外国籍のままの滞在資格認定という、他国に見られない「世系」＝血統身分により与える優遇については、全くのタブーとして聖域化しており放置の上、アンタッチャブル。我が国が法治国家を自認するなら、国際条約違反的な国内法は廃止すべきです。

同条約第一条の4には、

「4　人権及び基本的自由の平等な享有又は行使を確保するため、保護を必要としている特定の人種若しくは種族の集団又は個人の適切な進歩を確保することのみを目的として、必要に応じてとられる特別措置は、人種差別とみなさないが、その結果として、異なる人種の集団に対して別個の権利を維持することとなってはならず、また、**その目的が達成された後は継続してはならない。**」

とも明記されていますが、それもなされていません。私も法は人のために臨機応変であるべきだと思いますので、その「子」までを認めた協定永住はまだ妥当でした。でも**「その子孫」という「世系」を組み込んだ入管特例法はその後の条約加盟で違反状態になっていることから、自らの意思で国籍を選択でき、帰化或いは帰国できる代にまで付与された滞在資格は、人種差別撤廃条約に加入した1995年の段階で効力を失っている**と考えられます。大東亜戦争終結から70年以上が経過し、当時発生した国籍離脱者とその子の問題はとっくにその世代で解決できるだけの時間が与えられ、十分に優遇されてきたのですから、「その目的は達成された」と見て間違いないでしょう。

うやむやにしてきた日本

しかし日本はそれをごまかしてきました。子孫を含めた在日韓国朝鮮系の永住措置を「簡素化した手続きで羈束的に永住を認める」、つまり簡単な手続きにより縛り付けるような方向性を与えたのは、１９９１年1月10日に第二次海部内閣時に外務大臣だった中山太郎氏と大韓民国外務部長官の李相玉による「日韓法的地位協定に基づく協議の結果に関する覚書」（略称：日韓外相覚書）であり、これを踏まえて「日本国との平和条約に基づき日本の国籍を離脱した者等の出入国管理に関する特例法」つまり入管特例法が制定されています。

その入管特例法の６１条には、

「政府は、この法律の施行後三年を目途として、新入管法及び新特例法の施行の状況を勘案し、**必要があると認めるときは、これらの法律の規定について検討を加え、その結果に基づいて必要な措置を講ずる**ものとする。」

と書いてありますが、同法施行からまもなく30年、果たしてその「必要な措置」は講じられてきたのでしょうか？

特別永住者に関しては、スキル的な審査もなく「世系」のみで子々孫々に受け継がれていることは、他の資格に比してその認定が明らかに不当な優遇であることを示しています。しかも特別永住者に関しては、国交に関わる罪など重大な社会問題を起こし逮捕された者でない限り強制送還ができないという優遇や在日韓国朝鮮人だけが日本人と同じ名を通名にするという民族的特色から生まれるメリットや抜け穴も依然として存在しています。詳細は拙著『在日特権と犯罪』にてお伝えしたとおりですが、その特別永住者の資格申請に関しても、資格の取得や更新の申請を受けた場合、何と法務大臣もこれを許可せざるを得ず拒否権がないという無茶苦茶さ（「日本国との平和条約に基づき日本の国籍を離脱した者等の出入国管理に関する特例法（略称：入管特例法）」の第4条の2）。

ちなみに憲法14条には、勲章や栄誉についても「栄誉、勲章その他の栄典の授与は、いかなる特権も伴はない。栄典の授与は、現にこれを有し、又は将来これを受ける者の一代に限り、その効力を有する」とされています。公的に認められるような善行や功績が伴って授与された勲章を持っていても一代限りなのですよ。それを超越した存在を示す特別永住者とは何様であらせられるのでしょうか？

こうした問題を指摘することは「不当な差別」には該当しません。なぜかと言うと、この条例がその拠り所としているヘイト解消法の2条に、

「この法律において「本邦外出身者に対する不当な差別的言動」とは、専ら本邦の域外にある国若しくは地域の出身である者又はその子孫であって適法に居住するもの」

とありますが、前述の通り特別永住者の「その子孫」は国際条約が示す「世系」の「優先」を伴う違法な資格であり、特別永住者資格である限り、国際条約と照らし合わせ**「適法に居住するもの」**とは言い難いからです。

つまり現時点で、日本はこの人種差別撤廃条約に加盟しながら条約に反した「人種差別国家」なのです。

なお、人種差別撤廃条約は市民（日本においては国民）と市民でない者との間に設ける区別、排除、制限又は優先については、適用しないことなどを定めています。日本人が国家の主権者（＝市民）として本国人と外国人を区別することには全く問題がありません。

特別永住者を含めて川崎ヘイト条例が施行されるなら、条例自体が無効。

なぜなら「日韓法的地位協定」という2国間合意から「日韓外相覚書」を経て生まれた「入管特例法」は、世界条約である「人種差別撤廃条約」の下位法であることは明らかであり、これに違反しているからです。

それとも、この一地方の条例は、国際条約の上位にあるものなのか？　世界を支配する天下無敵の「川崎国」は国連の上位にある地球政府なのか？　そうであるなら話は別ですが、そもそも国会で成立した「ヘイト解消法」の上位にあるわけですらないのに、罰則を設定すること自体が、我が国の法体系における無効性を意味しています。

また、永住者とその家族を含む「永住者の配偶者等」の資格は問題ありません。永住資格滞在は「世系」では無く関係性によるものであり受け継がれないため、合法です。

禁止事項たる「不当な差別」について

川崎ヘイト条例で禁止される「不当な差別」とは、

「人種、国籍、民族、信条、年齢、性別、性的指向、性自認、出身、障害その他の事由を理由とする不当な差別をいう。」

とされていますが、**正当に差を明確にした区別は「不当な差別」ではありません**。

具体的には、他の外国人と比して、外国人の「在日」枠内では韓国人の犯罪検挙が圧倒的に多いことに対する具体的指摘はヘイトではありません。そしてそれを解消する方策として、他の外国人犯罪者同様に特別永住資格を持つ犯罪者の強制送還も必要である、と訴えることも、ヘイトではありません。

ただし、漠然と「チョン公は半島に泳いで帰れ！」などと野外で叫ぶ行為は、この条例によらなくても避けるべき罵詈雑言です。一方この条例によるならば「韓国人は韓国に帰れ」という当然の表現も、本条例における禁止事項に当たるため、処罰の対象になる可能性があります。特別永住者やその資格を持つ犯罪者など違法な存在を帰国させたいなら、①しっかりと帰るべき根拠を示し、②半島出身者のうち、どういう人が、③なぜ帰国すべきなのかを、④公正かつ具体的に訴えるべきです。

そもそも「差別」という言葉は、長い期間を経て、かなり色付けされています。企画書にも「他社類似商品との差別化」という項目があるように、本来なら「差別」という言葉自体に悪い意味はありません。人間社会から排除すべきは「不当な差別」であり、「正当な差別を明確にした区別や評価）」を封じてしまっては、企画書なんか書けないでしょ？　そもそも公正な評価の表明は罪なのでしょうか？　むしろ犯罪的要素まで含めて「表現の自由」「多様化」「多文化共生」などと、なんでも曖昧にして今の社会矛盾を大きくした我が国においては、公正な評価の表明による討議や検討なくして問題解決はありえず、これを禁止するのは言論弾圧にほかなりません。むしろガンガンやるべきです。

日本人に対するヘイトも許されない

この条例の拠り所となる「ヘイト解消法」には付帯決議文があります。出だしからこう書いてあります。

「国及び地方公共団体は、本法の施行に当たり、次の事項について特段の配慮をすべきである。

本法の趣旨、日本国憲法及びあらゆる形態の人種差別の撤廃に関する国際条約の精神に照らし、第二条が規定する「**本邦外出身者に対する不当な差別的言動**」以外のものであれば、**いかなる差別的言動であっても許されるとの理解は誤りであるとの基本的認識の下、適切に対処する**こと。」

つまり本邦出身者に対するヘイトであっても、許されませんよってことです。どうもこのヘイト条例は「マイノリティー無敵の原理」に準拠して作られた感がありますが、ここにも「人種差別の撤廃に関する国際条約の精神に照らし」と書いてあります。誰がこの一文を仕組んだのかわかりませんが、よくやった！（笑）って感じです。

というわけで、日本人のみを処罰対象としている段階で、同条例自体が基盤としている人種差別撤廃条約の、

「立場での人権及び基本的自由を認識し、享有し又は行使することを妨げ又は害する目的又は効果を有するもの」

という人種差別にズバリ該当しているため、条例としての有効性さえ怪しい。このヘイト条例を乱用し、不当に騒ぎ立てる者があれば、また川崎市がこの法を使い言論弾圧を実行するなら、日本人は正当な理由を掲げ、徹底して対抗する覚悟を持つことが大切です。

それと、日本人住民には著しく不利で不公平なこの条例に賛成票を入れた議員たちの出自や帰属先については、国民、特に川崎市民がよく調べる必要があります。

なぜなら、現に韓国は親北派の各種工作活動に大揺れしていてガタガタですし、中国の工作に危機感を抱いていた台湾とオーストラリアは、中共の工作と断固戦う姿勢を示していることから分かる通りで、「そんな工作が我が国にはありえない」などといえないからですよ。

川崎市に限らず、地方議員が帰属すべきは、何なのか？　国や地域の代表たる議員と、これを選出する有権者にはよく考えてほしいものです。

ヘイト条例とアイヌ新法は同じ木になる枝のひとつ

ジャーナリスト
篠原《しのはら》 常一郎《じょういちろう》

元日本共産党国会議員秘書。
１９６０年東京都生まれ。
立教大学文学部教育学科卒業。
公立小学校の非常勤教員を経て、
日本共産党専従に。

筆坂秀世参議院議員の公設秘書を務めた他、
民主党政権期は同党衆議院議員の政策秘書を務めた。
軍事、安全保障問題やチュチェ思想に関する
執筆・講演活動を行っている。

ＹｏｕＴｕｂｅで
「古是三春（ふるぜみつはる）チャンネル」開局中。

政治団体「参政党」主要メンバーのほか、
北朝鮮拉致被害者救済活動を行っている。

著書『なぜ彼らは北朝鮮の「チュチェ思想」に
従うのか』（育鵬社）他多数。

ヘイト条例とアイヌ新法の一致点

近年、ヘイト、あるいはヘイトスピーチという言葉がすっかり一般化し、むしろ一人歩きしているような感があります。

単に差別的な言動を指して、これを慎めという文脈の中でこの語を使うぶんには何ら異論はありませんが、ひとつ間違えれば、相手の発言を封じ込めるためのレッテル貼りに用いられることもあり、安易にこれを発する人には警戒の念すら覚えます。

私は「アイヌ新法」なるものの危険性を訴えて、これがまだ法案であった時代から、各地で講演を行ってきました。この法律が表面上、反差別を訴えながら、その実、日本には本来ないはずの民族対立をもたらし、ひいてはこの国を分断するために仕組まれたものであることが見えていたからです。背後にあるのは、親北朝鮮団体のチュチェ思想研究会で、彼らは何十年にもわたってアイヌ団体に浸透し、一部の差別利権団体と手を組んで、この法案が国会に持ち出されるよう周到に準備していたのでした。

むろん、講演では、具体的な証拠や固有名詞を挙げてこれらのことをわかりやすく説明します。おかげさまで私の講演はどれも盛況で、聴衆からは驚きのどよめきが沸き起こるのが常でした。

しかし、私の講演に参加されるのは、そういった真摯な聴衆ばかりではありません。講演の邪魔しようと、反差別を標榜する差別利権団体とその支持者と思われる一団が会場の周りを取り込んで罵声を浴びせてきたり、ときには聴衆に紛れ込んで会場内に入り込みヤジを飛ばすこともありました。

彼らに言わせると、私の講演内容は、差別的演説であり、アイヌ・ヘイトなのだという。私は今いったように、具体的な組織名や個人名を挙げて説明しようとしますが、彼らはもとより貸す耳などもたない人たちです。とにかく、彼らにとって不都合な事実の提示、不都合な批判はすべて、ヘイトのひと言で片付けられてしまう。

ヘイトだ、差別だ、歴史修正だ、と一方的に声をあげて、こちらの言論を封殺するのが彼らをはじめとする左派活動家の常套手段だといえます。

川崎市の条例のとんでもない中身

今回、川崎市で施行された「ヘイトスピーチ禁止条例」（差別のない人権を尊重するまちづくり条例）はまさに、こういった左派の反民主的な行動に正当性を与えかねない、恐ろしい条例であると私には思えてならないのです。

というか、アイヌ新法とヘイトスピーチ禁止条例は、水脈をひとつにしているとみていいでしょう。ヘイト条例推進派の活動家の素性を洗えば、やはり差別利権団体や外国勢力と結託した国内組織の影がちらつくはずです。

そして何よりも問題なのは、その手の団体が、「人権」、「反差別」という、万人が否定することができない普遍的な言葉をプロパガンダに利用しているということです。これによって善意の大衆が、「差別をなくすなら良い条例だ」と無批判に受け入れてしまうわけです。

この条例に反対する我々のような立場の人間は、彼らからすれば、差別主義者になってしまいます。私の講演の会場を取り囲んだ一団の中には、こうやって洗脳扇動された善意の一般人が少なからず混じっていたことでしょう。

さて、今回の川崎市のヘイトスピーチ禁止条例ですが、まずその中身を読んで唖然となりました。これは事実上の言論規制条例そのものではありませんか。

言論の規制を言論の府である国会、あるいは地方議会、ましてや日本社会にもちこむということは、本来あってはいけないし、道義的にみても許されないことなのです。

さらに罰則をつける。

これは国の作った法律に自治体の条例が踏みこむ話です。川崎市が、その最大の非常識を行った。これをなぜ、政治家もメディアも問題視しないのか不思議でなりません。

具体的な問題点を挙げようと思いましたが、あまりにもあり過ぎるので、いくつかに絞って言及しましょう。

問題だらけの条例

まず、いきなり出てくるのが「市民」という言葉。

この定義が実に曖昧です。

いや、あえて曖昧にしているのかもしれませんが。ここでいう「市民」とは、川崎市に居住する日本国籍の者を指すのか、あるいは外国籍の者を含む定住者を意味するのか、さらに一時居住の人も含まれるのか、まったく定義がなされていません。

次に「差別的言動」という語が出てきます。果たしてこれは条例でないと取り締まれないものなのか。

そして「差別的言動」と常にセットとなっているのが、「本邦外出身者」です。条例に規定された、三つの「差別的言動」のアタマに「本邦外出身者」がつきます。

まず、「本邦外出身者を地域（川崎市）から退去させることを扇動すること」。次が「本邦外出身者の生命、身体、自由、名誉又は財産に危害を加えることを扇動または告知すること」。3番目が、「本邦外出身者を人以外のものにたとえるなど、著しく侮蔑すること」だそうです。

これらの言葉は、本邦外出身者に対してであろうが、本邦出身者に対してであろうが、言ってしまったら問題でしょ。それこそ、名誉棄損とか、あるいは身に危険が及ぶようなことがあれば、脅迫の罪で対処できます。刑法上で保護できることをわざわざ本邦外出身者に限ってやるってことは、これこそが差別といわざるをえません。立法行為としてはまったくおかしい。

だいたい、「本邦外出身者」の定義もはっきりしていない。単に外国籍の者なのか、あるいは帰化した人も入るのか、両親の片方が外国籍の者も含まれるのか、定住者か、あるいは転勤や留学で一時的に川崎市に住んでいる人はどうなのか、旅行者もこのカテゴリーに入れるべきなのか。こういった議論がまったくなされていないうちにこの条例ができあがってしまった。

そもそも、本邦外出身者という言葉の概念を素直に受け止めれば、日本以外の国・地域の出身者ということになります。ここでいう、「出身」を出生地ととらえるのか、あるいはルーツの意味ととらえるのかでもその範囲は大きく変わってきます。前者なら、日本で生まれ育った在日2世、3世であり、その場合4世は含まれないことになる。後者の場合、たとえば、私の家系を何代か遡れば、大陸や半島から来た帰化人に当たるかのしれない、となれば、私は「本邦外出身者」ということになります。

こうやって、際限なく広がっていくのです。さすがにそれは屁理屈だろうといわれるかもしれませんが、屁理屈が入り込む余地を残している点で、人を縛る法律や条例としては、はなはだ欠陥品と呼ぶしかありません。

際限なく広がるといえば、取り締まりの対象に対しても同じです。

この条例の恐ろしいところはそこですね。

条例を読むと、インターネットの表現活動を調査するといっている。これだけで既に、自治体の条例とはなんであるかということを完全に踏み越えているわけです。自治体の条例とは、あくまで当該自治体の範囲における準法律に過ぎません。インターネットでの発信にまで介入する権限があるのか。

そもそも、ネット空間というのは線が引けないじゃないですか。それが川崎市にあるアパートの一室のパソコンから発信されたものか、地球の裏側のブラジルから発信されたものか、線を引くことはできない。しかも、スマートフォンを使えば、移動中の電車の中からでも投稿できる。この場合、発信地はどこになるのでしょう。

ネットというバーチャル世界、サイバー世界を規制しようなどという、しかも地域を限らず罰則対象にしようなどということは、国ですらやっていない。それを一自治体の権限でやってしまうというのだから、もはや法律さえも超越してしまっているのです。

聞くところによると、これは2年以上前の書き込みが審議会に持ち込まれているという。となれば、完全に遡及です。近代法学の原則からも逸脱しています。

越権行為になりかねない条例

川崎市で演説すれば、その人が川崎市民でなくても規制の対象になってしまうんですよ。川崎に一歩足を踏み込めば、行為そのものが現認さえて、訴追されて、証拠を立てられ押さえられて、警告に続き罰金を取られてしまう。こんなおそろしいことはありません。

そもそも他の自治体の、自分の管轄外の市民に責任を負わせるべきでありません。

市民の身体にも影響のあることを当該外の職員が立ち入るということは、完全に越権行為です。地方自治法に照らし合わせてどうなのか。

この条例がこのまま一人歩きすれば、集会や講演に行政職員が、差別的言動がないか監視にくるようなことが当たり前の光景になってしまうのです。

日本は、明治の時代から不完全ながらも議会制民主主義が始まり、普通選挙権も大正時代末期には施行されました。その中で、立会演説会に警察官が介入し、講演者が禁止言語を言ったら、「弁士中止！」とやって演説を遮った。最悪の場合、そのまま講演者は連行された。そのことを想像させてしまう。

もっとわかりやすくいえば、私のアイヌ講演を妨害した差別利権団体と同じ行動を、行政職という権力の側が行使するということです。

要するに、今回の川崎市の条例は、日本の民主主義を逆行させたのと同じです。これ自体、なぜ、マスコミをはじめとして、みんなが問題にしないのか不思議でたまりません。

条例に関する議会の仕組みと決まるまでの流れ

昭和１７年東京都世田谷生まれ。
国士舘大学政経学部政治学科卒業。

早稲田大学社会科学部４９歳で卒業
（早稲田大学創設以来現職議員の入学卒業第１号。）
慶応大学通信教育史学科に学ぶ。

警視庁警察官 12 年、株式会社奥村組 13 年。

町田市議会議員。昭和 61年初当選、
現在 8 期 31 年目、保守の会所属。

町田市文化協会会長。町田にサケを呼ぶ会会長。
町田市囲碁連盟会長。政令都市問題研究会会長。

拉致被害者町田・救う会代表。
自衛隊からの支援要請を実現させる全国地方議員。

東京都
町田市議会議員
大西《おおにし》 宣也《のぶや》

※プロフィールは
編者欄にて記載

埼玉県
富士見市議会議員
伊勢田《いせだ》　幸正《ゆきまさ》

「条例」をめぐる誤解

川崎市の条例「人権を尊重するまちづくり条例をめぐり、いろいろな方から質問を受けましたが、改めて「条例」というものが知られていないな、というのを感じました。

これは私たち地方議員の「発信不足」なのか、またメディアが「地方自治」を取り上げないからなのか。原因はさておき、まず「条例」についてわかりやすく説明したいと思います。

なお本章は「わかりやすさ」に重点を置いて書きました。学術的な面で緻密さを欠いている部分があるのはご了承ください。

自治体の「ルール」が条例

「国」でいう「法律」にあたる自治体のルールが「条例」です。

日本国憲法第九十四条　地方公共団体は、その財産を管理し、事務を処理し、及び行政を執行する権能を有し、法律の範囲内で条例を制定することができる。

ただし、明治・大正期には国の「法律」であっても「条例」を使っていたケースがあります。現在でも有効な法律では「褒章条例」があります。

国会が法律を可決するように、地方自治体の場合は基本的に議会で条例案が可決されると首長の公布を経て、条例になります。

条例案の提案は、

①　首長から提案される場合
②　議員から提案される場合（定数の十二分の一以上が必要）
③　有権者の五十分の一以上の署名により提案される場合

の三つがあります。

実は「緊急事態条項」がすでにある地方自治体～専決処分～

少し話を変えますが、憲法改正の議論の論点で、「緊急事態条項」が話題になることがあります。ちなみにあまり知られていませんし、憲法論議でもなぜか出てこないのですが、地方自治体にはすでに「緊急事態条項」があります。

首長には、緊急事態で議会に諮る時間がないときや議会が議決をしないときなどには条例や予算を自分の判断で決定することが認められています。これを「専決処分」といいます。

専決処分後に招集された議会で承認を求めることになりますが、議会で否決されても効力に影響はありません。こうした形で条例が作られることもあります。

条例でも罰則は設けられる

川崎市の条例を受けてこんな質問を受けました。
「そもそも条例で罰則は設けられるのか」
「国の法律で罰則を科していない内容で、条例で罰則を科すことができるのか」

結論から言うと「できます」。

地方自治法十四条第三項の規定により、条例では、最高で「懲役2年」の罰則を定めることができます。後者の質問については「国の法律が罰則を設けていないからこそ、条例で罰則を設ける必要がある、のでしている」のが現状です。

地方自治法第十四条三項
「普通地方公共団体は、法令に特別の定めがあるものを除くほか、その条例中に、条例に違反した者に対し、二年以下の懲役若しくは禁錮、百万円以下の罰金、拘留、科料若しくは没収の刑又は五万円以下の過料を科する旨の規定を設けることができる。」

例えば、電車の中での盗撮などの卑劣な行為は、現在は国の法律で取り締まられる「刑法犯」ではなく、都道府県が定める条例である「迷惑防止条例」違反で罰せられます。条例で罰則が科せないようだと、国の法律で取り締まりきれず、野放しになってしまう迷惑行為がたくさんあるのが、現状です。

平成八年に「援助交際」という言葉が流行語大賞に入るなど、高校生「児童買春」が社会問題となっていきました。その後、国で「児童買春禁止法」が制定されましたが、法律ができる以前は高校生の援助交際などの「児童買春」は、都道府県の「青少年健全育成条例」（いわゆる「淫行条例」）違反で立件されていました。ただ今は全都道府県で条例が制定されましたが、かつては長野県など「淫行条例」がない県もあったのです。

憲法の条文にある「法律の範囲内」を誤解して、法律を上回る規制はできないと思い込む人が見られますが、地方分権が進んで見直しがされた現行の地方自治法は「条例」の「法律の範囲内」をこのように定めています。

「普通地方公共団体は、法令に違反しない限りにおいて（中略）、条例を制定することができる。」

例えば、鎌倉市は平成八年に「鎌倉市パチンコ店等の建築等の規制に関する条例」を制定し、独自にパチンコ店の出店規制をしています。またこの条例は平成二十八年に議員立法で改正され、小規模保育所の周辺などにも規制が拡大されました。こうした上回る規制（もちろん無制限ではありませんが）合理的な範囲で、条例で設けることができます。

大変レアな罰則規定

さてなぜ「条例で罰則は設けられない」という誤解があるのか。

それは本来身近であるはずの「条例」という存在が、本来の趣旨に反して、むしろ「身近でない」ということがあります。六法全書は読んだことがあっても、住んでいるまちの上映を見たことがあるという人は少ないでしょう。これは多くの地域で国政選挙の投票率の方が高く、地方自治体の選挙の投票率が低いように、地方自治のあり方についていえることかもしれません。

それに加えて、そもそも条例で罰則を設けるのが「大変レアなケース」であるからであるともいえます。

なぜ罰則を設ける条例が珍しいか、簡単に言ってしまうと、「いろいろと面倒くさい」というのが一番の理由です。

例えば、たばこのポイ捨て行為や路上喫煙、歩きたばこを禁止する条例を制定している自治体はたくさんあります。ただ「罰則」として違反者に「罰金」などを定めている自治体はごく少数です。

また条例で「罰金」を設けていても、経過措置で凍結にしているケースもあります。なぜかというと、「刑罰」を科すには、当然、裁判が必要です。検察官が起訴するなど厳格な手続きが伴います。たばこのポイ捨てなどで裁判をするのは、検事や裁判官の激務さを考えても実務的に見て、不可能に近いでしょう。そうしたことからも「現実的ではない」と罰則を見送るケースが多いのです。

また条例案を作成するにあたっても罰則を伴うと、条文作りもより一層の慎重さが求められてくるということがあります。また後述しますが、検察庁との事前協議が必要とされており、ひと手間必要になります。

ちなみに路上喫煙の規制で知られる千代田区は禁止地区での喫煙に二千円の「過料」という制度を取りました（条例上は最高二万円ですが、「当面の措置」として二千円となっています。）

ここでいう「過料」（刑事罰の「科料《かりょう》」と混同しないよう、「あやまちりょう」と読むこともあります）は裁判が必要な刑事罰ではなく、行政罰と呼ばれる、行政の判断でペナルティーのお金が徴収されるものになります（もちろん不服申し立てのための制度等は整備されていますが、今回は割愛します）。

刑事罰ではないので「前科」にはなりません。こうしたことから手続きがやりやすく、違反者を見つけたパトロールを担当する区の職員が違反者を見つけたら、その場で二千円を徴収することが可能になりました。ちなみに「過料」になった背景としては、警察と協議した際に警察側が「罰金」とすることに難色を示し、自治体でやりやすい「過料」にしたという背景があります。結果として、ポイ捨ての根絶にはかなり効果をもたらしています。

また、罰則を伴う条例の場合、その性質上、対象を広くすることが実務上必要であることから、都道府県で制定されるのがメインです。

例としては、

- ●迷惑防止条例（痴漢行為、盗撮、ダフ屋、客引きなどを規制）
- ●公安条例（デモなどの規制）
- ●青少年健全育成条例（十八歳未満への淫行行為の規制）
- ●公害防止条例
- ●薬物乱用防止条例（国の法律で規制される前の危険ドラッグを規制するもの）

などがあります。

議会で審査される条例の多くは国の法令改正によるもの

地方議会は多くが、年四回、二月・六月・九月・十二月にそれぞれ一か月前後の期間、開催されます。二月は来年度の予算案、九月は前年度の決算が提出され、それがメインになります。それ以外に補正予算や教育委員などの人事案件、一定の金額以上の契約が審議されることになります。そしてこの議会で審議されるのが「条例」です。

しかし、年四回の議会に提出される「条例」のほとんどが「国の法令改正に伴う条例改正」です。

実際の例を見ていきましょう。

「市税条例の一部を改正する条例」、「国民健康保険税条例の一部を改正する条例」などの場合は、国の地方税法が改正されたことに伴って、その市の条例を改正するというものです。

また「家庭的保育事業等の設備及び運営に関する基準を定める条例の一部を改正する条例」も国の制度改正に伴い、基準が見直されるというものです。

「市の純粋オリジナルの条例」というのは滅多にありません。

むしろ市のオリジナルの条例が制定されると、全国から視察が相次ぐこともあります。それだけ「めずらしい」ことなのです。

「理念条例」

基礎自治体のオリジナルの条例である、多くのパターンは「理念条例」です。

これはまちづくりや自治体の政策について、理念や自治体の考え方を条例化したものです。

どういったものがあるか、いくつかご紹介しましょう。

「手話言語条例」

全国のろうあ者の皆さんが「手話の社会的な位置づけを高めたい」などの思いで、手話を言語として位置付ける「手話言語法」の制定を求める運動をしています。すでに全都道府県・全市町村議会で意見書が採択されています。国がまだ法律を作らないなら、自治体で条例を定めようと条例づくりが進んでいます。条例制定した自治体では手話講座の推進や行政窓口での筆談などの取り組みが進められています。

「財政健全化条例」

財政健全化への目標値や、財政についての現状の数値や指標の公表・議会への報告義務などを定めたものです。

「乾杯条例」

日本酒離れを受けて酒造団体が制定を進めている条例で、「宴会では地元のお酒で乾杯しましょう」という内容です。全国ですでに100を超える自治体で制定されています。

「神棚条例」という言葉があります。それは「制定したら終わり」、神棚に祭って終わりにしているのと同じというものを皮肉った言葉です。「理念条例」の場合、しっかりその後の検証などをしないと「つくって終わり」になりかねず、そこは留意すべきポイントとされています。

条例を「理念」にとどめず、実務的な内容にするには、具体的な規制、すなわち罰則という強制力を背景に規制をするものであることが必要なケースがあります。罰則が無いということは、いざという時に強制力を働かせることができないということでもあります。

市町村単位で罰則ありの条例を一つご紹介します。

「長沼町さわやか環境づくり条例」

これは日本初の「散骨規制条例」として全国で注目された条例です。これは業者が地域住民への説明が不十分なまま散骨型の樹木葬霊園を建設したことに対して、そこの地下水を飲む住民からの要望により、制定された条例です。散骨を規制し、最高6か月の懲役が定められています。ちなみにその業者はこの条例とは関係なく、経営破綻したそうです。

罰則には「地元検察庁との事前協議」が必要

条例は憲法上も法律上も自治体で制定できるからと言って、罰則付きのものを「実務の世界」では、勝手に制定できるわけではありません。

「罰則」は前述したように、簡易裁判所での書類上の裁判になる「略式裁判」を含めて、「裁判」が必要になりますが、刑事裁判に訴える＝「起訴」する権限は自治体にはありません。どこにあるかというと国の機関である「検察」が独占しています。また捜査を行うのも「検察」または「警察」です。条例違反だからと言って犯罪の摘発を目的とした「捜査」が都道府県や市町村の一般の職員によって行われることはありません。

これは法律等で義務付けられたものではなく、通知によるものですが、罰則付き条例を制定する場合は、事前に地元の検察庁と協議をする必要があります。この背景には、自治体で条例を制定したが、いざ罰則を適用しようとした場合に、「この条例では条文上の不備で起訴できない」ということを防ぐ、また他の自治体の罰則と均衡をはかるといったことが趣旨にあるとされています。

平成二十二年に沖縄県多良間村が議員発議で「ヤシガニ（マクガン）保護条例」を制定しました。違反者には、村長が十万円以下の罰金を科すことが出来るという内容ですが、検察庁との事前協議を行っておらず、後日、可決された条例を検察庁に送ったところ、「罰金を科す項目が村長任意の罰金のように読める」などの条文上の不備を検察から指摘されたというケースがあります。（平成二十三年十一月十二日付「宮古毎日新聞」記事）

もともと条例の条文を作成するにあたっては、法文のテクニックが求められますが、さらに「罰則」を伴うとなると、あいまいな解釈は許されず、それがさらテクニックを要することになります。「法のプロ」である検事のチェックを求めているのもうなずける話です。

ちなみにこの事前協議の手続きは、他の自治体の事例を見ても、複数回のやり取りや三か月前後の期間がかかります。これは議員提出の条例についても同じです。

ちなみに川崎市の条例について検察庁の事前協議の過程の記録を情報公開請求しましたが、認められませんでした。どのような意見や指摘が検事からされているのかを知ることは重要なことだと思うのですが。

ちなみに興味のある方は元拓殖大学教授で元参議院法制局幹部の高久泰文氏ら著の「よくわかる条例審査のポイント『～新版　市町村条例クリニック～』（ぎょうせい）をご覧いただければと思いますが、過去には信じられないような不備だらけの条例がたくさんありました。

条例案ができるまで

条例のほとんどは首長の提案です。もちろん首長本人が書くわけではありません。現場の職員が作成し、上にあげていく形になります。国の法令改正に伴うものであれば、国の通知でひな形が示されているケースもあります。

国の法令改正に伴うものではない、市オリジナルの条例を制定しようという場合は「市民の声を聞く」取り組みが行われるケースが多いです。

手法は大きく二つあります。

一つは「パブリックコメント」（パブコメ）です。一定の期間を定めて条例案に意見を公募するものです。人によっては「パブコメを出すのが趣味」という方もいます。ただパブコメを受けてそれに対する答えを判断するのは条例案を作成する職員サイドになります。パブコメを受けて条例案が見直されることはなかなかなく、多くの意見は今後の運用に当たって参考にするといった対応が多いです。

もう一つは審議会などで意見を聞くという形です。もっとも審議会の事務局は行政の職員が担います。国の審議会などもそうですが、資料を作成する事務局が実権を握り、議論を陰でリードしているというケースも多くあります。議論についても「委員からいただいた意見をもとに事務局＝職員で案をまとめる」という流れになることも多く、いかに職員が強い実権を持っているかがわかります。

首長から提案された条例のほとんどは可決される

国会で野党というと「政府の案には何でも反対する」というイメージがあります。が、実際は多くの内閣提出の法案に賛成しており、もめるのは実は一部の議案です。地方議会も同じで、ほとんどの条例は全会一致つまり共産党などを含めた全員の賛成で可決されています。

議会の「業界用語」で「議員提案の条例を制定しない」「首長提出議案の修正・否決をしない」「議員の賛否を公開しない」、この3点がそろったものを「3ない議会」と呼んでいます。最近はほとんどの議会情報公開が進み、議員の賛否を公開しない議会はほとんど見られなくなりました。また議員提案の条例も増えてきています。そんな中、「首長提出の議案の修正・否決をしない」ということはなかなかないのが実情です。

その背景としては、そもそも、

「国の法令改正に伴い、文言を整理する条例改正なので修正・否決のしようがない」

「条文を修正するにはかなり専門的な知識を要する場合がある」

といった事情があります。それに加えて、

「議会で否決・修正されるような条例は、そもそも首長が提案してこない」

というものがあります。この点を無視してメディアは、毎年統一地方選挙の前にキャンペーンを張ります。

まず普通の首長は議会で波風が立つような議案は出してきません。というのも、多くの首長は、一部の例外を除き、議会の多数派とよい関係をつくって行政運営を進めます。激しい選挙を戦った首長も次の選挙は共産党を除く各党から支援を受けているというケースが多いことがいい例です。

逆に議論を呼ぶような条例を出してくる場合、
①首長に強い信念がある（または変わり者であること）
②議会がワンマンの市長派の議員が多数で、否決される可能性がないということが考えられます。

条例は条例案ができるまでが勝負

前述したように、首長提出の条例案が議会で修正されるのは大変レアなケースです。それだけで全国の議会から注目され、視察の対象になりえます。そういうものなのです。

ですので、市民運動・国民運動の観点からは「条例案が提案される前」すなわち職員によって条例案が作成される段階が勝負になります。

最近はパブコメや審議会での議論を経て条例案が提出されます。

「そうして作られた条例案を否決・修正すると、そうしたところで出された民意を否定することになる」と修正を躊躇する議員がいるのが地方議会の現状です。逆にそれを狙っている面があるのかもしれません。

本当は、首長が選んだ審議会の委員より、選挙で有権者の負託を受けた議員こそ、民意を代弁するはずなのですが。

パブリックコメントへの応募も重要ですが、そこで修正されるのは微修正の範囲であることも多いでしょう。

私としては次の取り組みをお勧めします。

①審議会の委員には積極的に応募する

審議会には公募枠が設けられるケースが多いです。そうした公募枠は応募がないために、地元の名士にあてがわれたり、市議ＯＢの充て職になったりしているケースがあります。こうした審議会の委員として積極的に行政に賛成・反対の意見を伝えることです。また審議会で条例案をもむケースも多いです。「条例案づくり」という点では議員よりも実務に携われるケースもあります。

②行政には事前に要望を

パブリックコメントはどちらかというと、「しあげ」の手前の段階になります。その前に手を打つ必要があります。どうしたらよいか。私は市区町村の行政に対して、しっかりと普段から要望書等を提出していく活動が有効だと考えます。現に革新系は様々な団体が普段から市区町村単位の行政に様々な要望を行っています。それに倣うべきです。

地方自治は住民の手で

地方自治体については、国会議員や総理大臣でも動かせない部分があります（よく誤解されますが、国会議員と地方議員は「親分・子分の関係」ではありません）。

動かせるのはだれか。

その自治体の住民です。

しっかりと普段から行政の動きをチェックしていくのは、その住民の責務です。今はインターネットで様々な情報を行政も公開するようになりました。はっきり言って、見ていてつまらないものがほとんどです。ただそんな中に大事な情報や動きが隠れていることがあります。

まずはお住まいの自治体のホームページを見てみることから始めていきましょう。いつの間にか大事なことが発表されているかもしれません。

川崎市ヘイトスピーチ規制
罰則条例は違憲
表現の自由の侵害だ

弁護士
猪野《いの》 亨《とおる》

昭和４３年生まれ。

北海道大学法学部を卒業後、
平成十年に弁護士登録。

十二年、「いの法律事務所」開設。

札幌弁護士会所属。

今年六月十九日、川崎市の福田紀彦市長が市議会で、ヘイトスピーチ対策で実効性ある規制のため、罰則規定を設けることを表明した。ヘイトスピーチに対して罰則（最高罰金五十万円）を科そうという条例案で、十二月議会に提出する方針だ。これが実現する尾全国初となる。

ヘイトスピーチが日本全国で問題になり、その解消法が制定されたのが２０１６年で、ヘイトは「不当な差別的言動」として許されないと宣言された。その対象は、個別・特定の人や人達に向けられたものではなく、民族や集団である。あくまでも対策であり、「禁止」ではなく罰則もない。

これに対し、国で制定した解消法とは別に自治体において、別途条例を制定するところが出てきた。ヘイトを禁止したり、止めるように勧告したのに従わない場合に氏名の公表をするなどである。

条例改正で委縮効果は増大

ヘイトを良しとする人たちはいない。それが現在、社会的に合意されてきたことである。しかし、ヘイトの解消を超えて規制となると、表現の自由との関係で緊張関係をはらむ。ヘイトは特定の個人の名誉を害したり、脅したりしているわけではなく、一般的な告知に留まるからである。解消法が対策であったのも表現の自由への配慮があるからだ。

表現内容の禁止によって表現の自由が委縮することは常に懸念されてきた。川崎市の今回の条例改正では、さらに規制を強化し、罰則まで科すというのであるから、この委縮効果は大きくなる。

現時点で私は新聞報道（朝日新聞2019年6月25日付朝刊）でしかその内容を知り得ないが、ヘイトを禁じた上で、その違反があった場合、市長は、①違反行為をやめるよう警告　②二回目の違反をした者にやめるよう命令　③三回目の命令に違反した場合は、氏名や団体名を公表し、市長が刑事告発をする―というものである。

川崎市では、告発までに三段階にしたことや有識者で作る「差別的防止対策等審査会」の意見を聴くこと、命令違反に対しては司法（検察官が起訴し、裁判所が有罪・無罪を決める）に委ねることで表現の自由に配慮したと説明しているが、これで表現の自由が守られるとは考えられない。

三回の警告に意味はない。その都度、審査会の見解を聴くとのことだが、例えば最初はこの程度なら大丈夫だろうと思ったら勧告を受けた、それを受けて表現を改めたが命令を受けた、それを受けて表現を改めたら命令違反として告発された、ということも想定される。これでは「一段階」と同じだ。

審査会に意見を聴くことの意味は市長の濫用防止だが、構成員となる有識者がどのように選出任されるのかという問題もさることながら、市長がヘイトだとする判断が先行するのであり、「民意」が強調される危険も大きい。

裁判所が関与しても有罪、無罪の結論は裁判が終わるまでわからないのであるから委縮効果の対策にはなりえない。捜索差押えのためには裁判所の発布する令状が必要であるが、現在の実務では令状審査が緩いのは周知の事実である。令状発布の要件も、有罪認定に必要な用件よりも緩いものとされており、令状が歯止めになるものではない。

飛躍するヘイト「暴力」論

ヘイトスピーチといえば在特会を中心に口汚く罵るデモやアジが定番となっているが、ヘイト規制の問題は、決して大音量であったり、口汚く罵ることだけに限らない。その態様ではなく内容になるからだ。穏やかに「朝鮮の方は祖国にどうぞお帰りください」と言っても刑罰の対象となりうる。

あからさまな人種、民族差別であるならばまだしも、それが政策としての主張であってもヘイトと評価されかねない。「移民は出て行け」という表現はアウトで、「移民政策を改め在留外国人には退去を求めるべき」という政策を訴えるのはセーフということになるのか。「国民の仕事を奪うな」というのと、「習慣の違う外国人の受け入れ優遇策をやめよ」というのでは違うのか。その動機さえ示さなければセーフとなるのか。

朝鮮学校への補助金を巡っても川崎市の属する神奈川県自体が支出を止めているが、不当な補助金の支出を止めよという主張も、その動機が朝鮮人憎しだったらヘイトと評価されるのか。というようにこの問題は規制の対象か否かが判別しにくい。

ヘイトは絶対悪であり、そもそも表現の自由の保障はないと主張されることがある。被害の実態を見よとか、ヘイトは暴力だという。ヘイトによる被害者がおり、人格権が侵害されていると主張される。そして刑罰を科すことを正当化する。

しかし、被害実態について言えば、ヘイトかどうかという内容だけの問題で、大音響でなく、場所も問うことなくということになると、その場に「被害者」がいる必要はない。また、ここでいる人格権というものが曖昧であるし、範囲対象も曖昧である。例えば名誉棄損罪のように、事実を示してその特定の者の社会的評価を下げるというのとは明らかに異なる。ヘイトの対象はあくまで集団であったり民族だからだ。

特定の者、団体に対して行われれば、損害賠償の対象となったり、名誉棄損罪や威力妨害罪などが成立しうる場合（京都朝鮮人学校に対する妨害事件）があることは承知しているが、実態を見よという主張は、こうした事案と混同させている節がある。ヘイトは暴力だとする論も比喩で言うならともかく、法における暴力概念とは明らかに異なり、飛躍が過ぎる。

反ヘイトは絶対正義？

こうした人たちは逆に、私のように言論の自由の意義や罰則化に反対の主張をすると、ヘイトを認めるのか、苦しみがわからないのか、ということをネット上で激しい勢いで噛みついてくる。ヘイトに味方をするのかという敵味方二分論が展開されるのが特徴である。私に言わせれば、それこそ、あなたたちのいう「暴力」と同じではないかと思う。発信そのものを威圧しようという姿勢が露骨であり、言論封殺とさえ感じるし、自分たちの主張が唯一の「正義」で、それに対する反対は絶対に許さないという発想が顕著である。

ヘイトには反対だが罰則を与えることにも反対という選択肢は存在していない。そこにあるのは唯一絶対の正義であり、その正義実現のためならどのような方法であろうと「正義」として許されることになる。川崎市では合法的に借りた施設の利用をヘイトだとして実力でもって妨害するような行動に出た事件があった（2018年6月3日）。表現行為を力で潰したものであり、これも「正義」の範疇となる。

自分たちは正しい、だからそれに反するものを認めないという立ち位置は、統治者が代われば180度、逆になることを想像できていない。自分が正義だからその発想がない。

相模原市長も川崎市に負けじとヘイトに対する罰則を設けると表明した。ヘイト禁止を条例で定めた大阪市での議論でも罰則は設けないが故に表現の自由とギリギリの調和だと言われていた。しかし、今回の罰則が当然という風潮になれば、こうした今までの議論が一気に吹っ飛んでしまいかねない事態にまで行き着いてしまうことになる。

横行する敵味方二分論

なぜ、今なのかということの議論もないままに進められていることはさらに問題である。前掲朝日新聞には「(川崎市）によると、対策法（ヘイトスピーチ解消法）施行後、市内ではヘイトスピーチは確認されていないものの、市幹部は『今後もヘイトスピーチが起きる可能性がある。抑止するためには罰則付き条例が必要だ』と語る」と書かれており、罰則付き条例の必要性を根拠づける立法事実がないようだ。

神奈川新聞の記事では、「ヘイトスピーチ解消法の施行から三年がたったものの、禁止・罰則規定がないこともあり、統一地方選では選挙運動に名を借りたヘイトスピーチが横行」（2019年6月18日付）とあるが、これは公職選挙法で対応すべき領域であり、規制（罰則）条例を正当化するものではない。立法事実もないのに罰則を設けるというのであれば予防法そのものではないか。

マスコミの責任も大きい。朝日新聞は、川崎市の条例案について、これを肯定する学者のコメントを掲載した。

地元神奈川新聞の論調はそれ以上で「ヘイト罰則は『英断』条例の意義学ぶ集会（七月五日）と肯定的な報道をする一方、横浜市長については『（条例を）今すぐ作るところにはいっていない』と制定に後ろ向きな姿勢を示した」（七月三日）としており、評価の差が露骨である。

さらに、「ヘイト罰則条例『大賛成、ハルモニがパブコメ応募』」（7月5日）の中で、「スタッフのAさんは『ハルモニが紡いだ思いに触れ、この条例がいかに大切かがよく分かった。市民や市議に伝わっていけば、おのずと全会一致の結果となるはずだ』と話した」と書かれているように、反対はこの「ハルモニ」の思いを踏みにじるものだ、さあ反対できるかという敵か味方かを迫る論調だ。

神奈川県弁護士会が罰則化に賛成する会長声明を出したことの衝撃も大きい。本来、表現の自由の重要性をもっとも認識しなければならない在野法曹からの賛成表明は歴史上の汚点である。

前掲神奈川新聞の記事では弁護士会内部での議論の様子の紹介で、「同弁護士会川崎支部所属の本田正男弁護士は『市民や市民団体の活動では止められない現実がある。現場の生の姿から社会の動きをすくいとっていくのも弁護士会の役目』と声明の意義を強調。『声明に反対の人は現場へ行きへイトスピーチを見てほしい』という意見もあったと明かした」とあるが、同弁護士会の内部でさえ敵味方二分論が幅を利かせているようなやり取りである。

「反差別」が差別意識を助長

差別意識の問題は過去の歴史とどう向き合うかということを抜きにしては語れない。日本政府は解消法ができた後も決して具体的な対策を講じてこなかった。法務省のホームページに解消法を紹介している程度である。ヘイトの取り締まりを要求する側からの要請は皆無である。

そうしたこともないままに罰則を導入せよではあまりに無責任である。むしろ「反差別」という「正義」に名を借りて差別を煽っているだけとしかいいようがなく、かえって差別意識を助長していくだけであろう。

私たちが求めるべきは刑罰によって叩き潰せなどというものではあってならない。そのようなことで、私たちの中にある差別意識がなくなるものではないし、かえって差別意識を煽る結果になる。実力阻止は、両極にいる人たちの抗争でしかなくなる。差別はなぜダメなのかを考えようとしている人たちに対して有害ですらある。まさに表現の自由の価値と正反対にあることを示した。

解消法は未だに施行されて三年であるが、まだ三年でしかなく、これからが大事だということを忘れてはならない。

今まで表現内容の規制には踏み込まなかったという事実が表現の自由を守る意味は大きかったのであり、前例を作るということが、表現規制の突破口になるということを忘れてはならない。

罰則を科す条例はいかなる意味においても表現の自由を侵害するものとして違憲であり、ましてや市民の側から国家権力の発動を求めるなど論外である。

月刊『正論』2019年9月号より許可を得て掲載。

川崎市の条例を受けての筆者追記

川崎市での罰則付条例が成立したが、相模原市長は今年、さらに厳しい内容の条例の制定を目指すという。川崎市の条例ですら表現の自由を萎縮させる問題があるのにさらに厳しいというのは、一部特定層に対する受け狙いとしか言いようのない姿勢である。罰則条例が全国に拡大していくことの危険もさることながら、あたかも差別と闘っているかのようなパフォーマンスがその規制内容すらもエスカレートさせていく危険性を示している。

これまでも大阪府条例のように氏名公表に留め、罰則はないものでさえ表現の自由の規制が問題になっていたにも関わらず、その検証もないままに罰則化を突き進ませている。このような自治体の動きは、「お前のところはまだ条例がないのか」などという同調圧力によって他の自治体にも広まりかねないだけでなく、さらには国法としての制定にも行き着かないとも限らない。

差別解消法は、罰則ではなく相互の理解によって差別を解消していこうとするものであり、この法律の理念は素晴らしいと考えている。罰則によって個々人の差別意識がなくなるものではないし、かえって差別を助長するものしかなく、解消法の理念とは真逆である。

この間、私は、ツイッターなどでこうした罰則化などに反対することを表明してきたが、そうすると決まって、ＣＲＡＣと称する人たちを中心に誹謗・中傷してくるのが常であった。彼らが差別解消など考えていないと述べたことには驚かされた。差別解消が目的ではなく、自分たちが差別主義者とレッテルを貼った者たちを潰すことが目的であり、黙らせてやるというやり方である。自分たちが絶対の正義なのだ。

こうした考えは表現の自由の問題でもあると同時に価値相対を基調とする民主主義の破壊でもある。

差別に反対する者であればこそ、こうした罰則条例には反対すべきものであり、それが歴史の教訓である。

ヘイト条例―日本の自死

憲法史・教育史研究家

小山《こやま》 常実《つねみ》

昭和２４年、石川県生まれ。

京都大学大学院教育研究科博士課程単位習得。

大月短期大学名葉教授。

「新しい教科書をつくる会」理事。

昨年12月16日、「本邦外出身者に対する不当な差別的言動の解消に向けた取組の推進に関する法律」（ヘイト規制法）を一つの根拠にして、「川崎市差別のない人権尊重まちづくり条例」（川崎ヘイト条例）が公布施行された。この条例はヘイトスピーチに対して罰金を科すことで注目されたが、次々と各地で同様の条例が制定される動きがあると聞く。

「日本国憲法」や「人種差別撤廃条約」に違反するヘイト法

しかし、ヘイト法自体が、「日本国憲法」や「人種差別撤廃条約に」違反したものであり、無効な法律である。ヘイト法は表現の自由を制限し、街頭行動を中心にヘイトスピーチにあたるとされる表現を規制する法律である。この法律によって、一方で日本国民から「本邦外出身者」すなわち外国人と帰化外国人に対するヘイトスピーチは許されないものとなったが、他方で「本邦外出身者」から日本国民に対するヘイトスピーチは野放しにされた。それゆえ、表現の自由を制限される者は日本国民だけとなり、法律によって保護される者は「本邦外出身者」だけとなった。従って、ヘイト法は明確に日本人差別法である。ただし、表現の自由を制限しすぎないようにと理念法にとどめ、罰則規定を置いていない。

しかし、自由主義、民主主義を基調とする日本社会においては、表現の自由等の精神の自由は最も重視されるべき価値であり、軽々に制限抑圧されるべきものではない。それゆえ、ヘイト法は、表現の自由を保障した「日本国憲法」第21条①項に違反する。また、日本国民によるヘイトスピーチだけを問題にし、外国人による日本国民に対するヘイトスピーチを問題にしない点で、〈法の下の平等〉を規定した「日本国憲法」第14条1項に違反する。

さらに言えば、ヘイト法は、人種差別撤廃条約第1条1項が規定する「人種差別」に該当するものと言える。条約第1条1項は、人種等による区別であって、不平等を目指す目的又は不平等の効果をもつものを「人種差別」だと定義している。まさしく、ヘイト法は、日本国民と外国人を区別し、ヘイトスピーチ問題に関して不平等を目指す、又は不平等の結果をもたらすものである。つまり、ヘイト法自体が日本国民に対する「人種差別」であり、人種差別撤廃条約に違反するのである。

条例による罰則や氏名公表はヘイト法違反

以上のように、ヘイト法とは、「日本国憲法」に違反し、人種差別撤廃条約にも違反するものである。この違法なヘイト法を根拠に、川崎市ヘイト条例はつくられた。にもかかわらず、条例の前文は「日本国憲法及び日本国が締結した人権に関する諸条約の理念を踏まえ、あらゆる不当な差別の解消に向けて」と始まっている。悪い冗談ではないか。

条例が規制対象とするものは3種類存在する。一つは市の区域内の道路、公園などで拡声器などを使用して行う街頭行動である（12～15条）。市長は、「本邦外出身者」に対してヘイトスピーチに当たる街頭行動を行うか行わせた者が再度同様のことを行う「明らかなおそれがある」ときは、ヘイトスピーチを行わないように勧告することができる（13条）。勧告に従わなかった者が再び同様のことを行う「明らかなおそれがある」ときは、行わないように命令することができる（14条）。命令に従わなかった者には50万円以下の罰金が科されるし（23、24条）、市長は、その者の氏名・住所などの公表をすることができる。

しかし、ヘイト法を共産党や民進党とともに中心的につくった自民党の西田昌司参議院議員は、この法律は理念法にすぎず、民主党（民進党の前身）案にあった罰則的なものをすべて削除したから言論弾圧法にはならないと説明してきた。この説明があったからこそ、自民党の議員も賛成したのである。それゆえ、少なくとも罰金の規定はヘイト法にさえも違反するものである。いや、氏名などの公表は、その人の社会的地位を失わせる場合もあろうし、学生などの場合にはこれから始まる人生の終わりを意味する場合もあろう。「ヘイトスピーチを行った人種差別者」というレッテル貼りは、著しい言論弾圧の効果を持つものである。氏名などの公表は罰金以上の制裁効果をもつものであり、これもヘイト法違反と言えるのである。

また奇妙なことに、川崎市によれば、条例制定の時点で過去3年間、市内でヘイトスピーチは存在しないということである。幻なのである。幻のヘイトスピーチを規制するためにヘイト条例、それも罰則付きの条例案がつくられたわけである。

ヘイト法4条2項には「地方公共団体は、本邦外出身者に対する不当な差別的言動の解消に向けた取組に関し、……当該地域の実情に応じた施策を講ずるよう努めるものとする」とある。ヘイトスピーチは存在しないわけだから、川崎市の取組は「当該地域の実情」に適合しないものである。川崎ヘイト条例は、この点でもヘイト法に違反していると言えよう。

市民館利用の規制はヘイト法に反し、精神の自由の侵害となる

二つ目の規制対象は、公の施設の利用である（16条）。公の施設の利用に関しては、ヘイト条例が成立する以前の平成29（２０１７）年11月、「本邦外出身者に対する不当な差別的言動の解消に向けた取組の推進に関する法律に基づく「公の施設」利用許可に関するガイドライン」（以下、ガイドラインと称す）が公表されている。

ガイドラインを見ると、「公の施設」としては都市公園と市民館を想定しているようである。しかし、市民館など屋内施設の利用制限は、「本邦外出身者に対する不当な差別的言動の解消に向けた取組」の一環としては行うべきではない。市民館で行われる講演会や研究会・学習会は、開放的公共空間で行われる街頭行動の場合とは異なり、閉鎖的、私的な空間で行われるものであり、表現の自由だけではなく、「日本国憲法」19条の「思想および良心の自由」や23条の「学問の自由」等と密接な関連を持つ活動である。ヘイト法は本来、街頭行動を中心にした表現行動を問題にしたものであり、「表現の自由」の制限を認めたに過ぎないからである。

三つ目の規制対象は、ヘイトスピーチに当たるとされるインターネット表現活動である。市長は、この表現活動の拡散防止のための措置をとり、この表現活動の内容の概要、とった措置を公表する（17条）。これらの規制の具体的な内容はよくわからないが、川崎市の外で行われたインターネット表現活動まで規制対象とするから、インターネット表現活動の規制も違法の疑いがある。

以上のように、一つ目の規制と二つ目の規制のうち市民館利用に対する規制はヘイト法にさえ反し、ヘイト法に内在する日本人差別性を更に進めたものである。また、三つ目の規制も問題のあるものである。こう見てくれば、ヘイト法もヘイト条例も廃止すべきものであると断言できよう。

日本人の自死を含意した「日本国憲法」

しかし、それにしても、なにゆえに政界の人達は、平気で日本人差別のヘイト法とヘイト条例を作ったのか。私は、「日本国憲法」が関係していると捉えている。

「日本国憲法」は、きわめて日本人差別的な作られ方をした。占領下に、しかもGHQの完全統制下という異常な状態で作られた。それは西ドイツのボン基本法と比較するとよくわかる。西ドイツでは、ドイツ人自身が起草したのに対し、日本ではGHQが原案を作った。西ドイツでは、基本的に自由に審議できたのに対し、日本では議会審議も完全に統制されていた。しかも、西ドイツでは、

「基本法」と位置付けることが許されたのに対し、日本では「日本国憲法」と位置付けさせられた。連合国は、日本を西ドイツに比べて極めて差別的に扱ったのである。このことを確認しておきたい。

内容面でも「日本国憲法」は日本人差別の思想を露骨に表明している。前文は、「日本国民は、……、政府の行為によつて再び戦争の惨禍が起ることのないやうにすることを決意し、……平和を愛する諸国民の公正と信義に信頼して、われらの安全と生存を保持しようと決意した」と表明している。諸外国を「平和を愛する諸国民」として上位に位置づけ、日本を戦争を起こした「侵略国」として下位に位置づけている。それどころか、諸外国に「安全と生存」をゆだねてしまっている。諸外国が死ねといえば死んでいく思想を表明しているのである（拙著『「日本国憲法」・「新皇室典範無効論』自由社）。

「不平等条約」「日本人差別条約」としての近隣諸国条項

この日本人差別法の思想が教科書の世界に導入されたのが、いわゆる近隣諸国条項である。義務教育諸学校教科用図書検定基準の第3章の社会科（「地図」を除く）に関する「1　選択・扱い及び構成・排列」の6項には、「近隣のアジア諸国との間の近現代の歴史的事象の扱いに国際理解と国際協調の見地から必要な配慮がされていること」という規定がある。

これは、昭和57（1982）年の教科書誤報事件の結果つくられた規定である。このように教科書に関して近隣諸国への配慮をうたった条項は中国や韓国には存在しないから、日本の教科書だけが一方的に制約されるようになった。それゆえ一種の「不平等条約」とも言われるわけだが、この規定の影響で、歴史教科書は「南京大虐殺」を書き、朝鮮人強制連行説を展開するようになっていった。一挙に歴史教科書が自虐化していき、日本の子供たちは「お前たちは、中国人や韓国・朝鮮人に対して悪逆非道のことを行った人間の子孫だ。反省しろ」という教育を受け続けてきた。日本人に対するヘイトスピーチが大量に、代々の子供たちに対して浴びせ続けられてきたのである。

ヘイト法とヘイト条例による「日本の自死」宣言

以上の二つの日本人差別法が土台になって、ヘイト法と川崎市条例に代表されるヘイト条例という最大最悪の日本人差別法がつくられたとみなせよう。「日本国憲法」は具体的に日本国民の生活に関わる差別性はなかったし、近隣諸国条項は教科書の世界だけを規定するものだった。それに対して、ヘイト法及びヘイト条例は、日本国民の社会生活全般に関わり、「言論の自由」をはじめとした精神の自由を規制する法律である。したがって、ヘイト法を基礎に、川崎市のようなヘイト条例が次々に作られていけばどうなるか。日本及び日本人は、精神の自由を侵害され続け、ますます元気をなくし、果ては滅んでいくことになるのではないか。自らを痛めつけ、自ら滅んでいくのである。その意味で、ヘイト法及びヘイト条例は、日本のリーダーたちによる「日本の自死」宣言といえよう。

実際、ヘイト法成立以来、日本では、在日外国人に対するヘイト、ヘイトスピーチは許されないが、日本人に対するヘイト、ヘイトスピーチはむしろ奨励されるようになった。例えば、２０１７年11月26日、東京都渋谷区で、「反天皇制運動連絡会」（反天連）のデモが行われたが、掲げられたプラカードには、「日本が大嫌い、日本人の思考性格が嫌い、日本人は気違いだ、日本人を許さない、日本なんか殲滅してしまえ」という文字が躍っていた。

これは、明確にヘイトスピーチである。最後の言葉は、一民族の殲滅を狙うジェノサイド思想である。このデモは、全日本人に対するヘイトデモである。完全な日本人差別表現が、民族差別の表現が、警察の保護の下に公道で行われたのだ。

また、例えば、昨年の「愛知トリエンナーレ」では、昭和天皇の写真に火を付けて燃やし灰を足で踏みつける映像作品が展示された。これも、明確なヘイト表現である。

しかも、世界各地では、10年ほど前から、日系人や在留日本人が慰安婦問題と関連して、迫害されるケースが続出しているのである。

日本人に対するヘイトスピーチ解消の方策

このような事態に鑑みるならば、日本国家は、日本人差別、日本人に対するヘイトスピーチを解消していくために、何らかの方策を講ずるべきである。方策としては二つある。一つはヘイト法とヘイト条例の廃止である。

もう一つは、現行のヘイト法とヘイト条例に手を付けず、日本国民及び日系人・在留日本人をヘイトスピーチから守るヘイトスピーチ解消法とヘイトスピーチ解消条例を作っていくことである。法律案の方は、既に4年前に私は、「日本国民及び本邦出身者に対する不当な差別的言動の解消に向けた取組の推進に関する法律」という名称で作成しているから、参照されたい（『「ヘイトスピーチ法」は日本人差別の悪法だ』自由社）。

この法律は、日本人に対するヘイトである現行ヘイト法に対するカウンターとして制定するものである。「本邦外出身者に対する不当な差別的言動の解消に向けた取組の推進に関する法律」があるならば、「日本国民及び本邦出身者に対する不当な差別的言動の解消に向けた取組の推進に関する法律」があってはじめて、ひとつのバランスが取れることになるのではないか。

コラム

反ヘイトスピーチ運動の本当の目的は日本民族解体

一般社団法人日本沖縄政策研究フォーラム 理事長　仲村 覚

「ヘイトスピーチ解消法」なるものが、平成8年5月24日に成立し、同年6月3日に施行された。その後、法務省は、人権擁護機関においては、ヘイトスピーチは許されないという意識をより一層普及させるため、引続き広報・啓発活動を行っていくということだそうだ。同時にこの法律には、自治体も努力すべしと附則されている。事実、令和元年7月1日に全面施行された川崎市のヘイトスピーチ禁止条例は罰則まで設け、更に昨年12月に神奈川県川崎市の「人権を尊重するまちづくり条例」も制定された。

筆者には、この法案は昭和46年の沖縄返還協定批准時の失敗と重なって見える。野党が沖縄の復帰に合わせて、在沖米軍の核兵器撤去を求めたために、同日の11月24日に衆議院で非核三原則を決議し、日本は自らの手足を縛り、現在でも核武装の議論すらできない。当時の革命運動のスローガンは「反戦平和」だったが現在のスローガンは「反差別」だ。「反差別」も非核三原則と同じように日本の防衛力を阻止していくのだ。

彼らは、日本にはマイノリティー差別問題が存在しており、在日朝鮮人、アイヌ人、部落がそれであるというのだ。そこになぜか勝手に沖縄県人も琉球人というマイノリティーと断定して国連にも働きかけて、沖縄の基地問題は先住民族差別だという国連勧告を出させることに成功したのだ。昨年5月24日にアイヌを公式に先住民族と認めたアイヌ新法が施行された。今年8月には北海道浦幌町のアイヌ団体が、鮭漁が禁止されている川で、先住権を根拠に鮭の漁業権を求めて国を提訴した。

もし、日本政府がこの先住権を拒否したら、アイヌ差別だと騒ぎ出し、日本政府はアイヌ新法を無視したと避難され、窮地に追いやられるだろう。今後、自称アイヌの人たちは、様々な自治権を訴え始め、最終的には独自の軍隊の保持や独自の憲法の制定を主張し始めるだろう。もはや、アイヌの日本革命闘争は誰にも止められなくなってしまったのだ。

政府は沖縄の人々は先住民族だと認めていない。しかし。革命勢力は、「沖縄ヘイト」という言葉を使い始めた。

例えば、沖縄の特定の団体が、「尖閣で日本の戦争に巻き込まれるのはいやだ」「それを避けるためには、沖縄の独立を急がなければならない！」と主張したとする。それに対して、「何を馬鹿なことをいうのだ！　沖縄県人はＤＮＡ的にも言語的にも日本人であることは明らかだ！」と反論したとする。日本では日本国民同志の問題だが、既に国連では、先住民族である琉球人差別であり、沖縄ヘイトとだと認識されているのだ。

既に国際包囲網はできあがっている。

結局、反差別闘争（運動）とは、自称先住民族に特権を与えて日本を解体する工作であり、ヘイトスピーチ解消法とは、日本人からその運動を止める権利を奪う法律なのである。

最終的には、尖閣有事の際、沖縄が独立宣言を行ったら、先住民族の権利の保護を根拠に、自衛隊は身動きがとれないまま、日本は沖縄の主権を放棄せざるを得なくなってしまうだろう。

このような国家の自殺法案は、国民をあげて破棄させなければならない。

川崎市は文化の破壊者の道を選ぶのか

文筆家　但馬オサム

「大工の八っあん」はもういない

東京浅草の長瀧山本法寺境内に「はなし塚」がある。戦時色の濃くなった昭和16年10月、時局にそぐわないという理由で廓話など53の演目を禁演落語に認定し、この「はなし塚」に封印、弔ったのである。噺家サイドの自主規制という形だったが、戦時体制による大衆娯楽への抑圧の記録として、「はなし塚」の縁起は今に語り継がれている。

では、戦後、落語は自由になったというのだろうか。否である。むしろ、〝禁演〟落語の数は増加しているのだ。故・三笑亭夢楽師匠によれば、いわゆる古典落語と呼ばれるものは約500演目。うち、現代まで伝わっているのが300演目くらい。しかし、実際、テレビや寄席、ホールなので演じられているのは100演目程度だという。つまり、200演目は何かの規制に引っかかるわけである。

わかりやすい例で挙げれば、『三人片輪』『せむし茶屋』など障碍者が出てくる噺。まあ、これに関しては理解できなくもない。他には、ちょっと頭の弱い人物を主人公とした滑稽噺、たとえば、与太郎モノなども知的障碍者を笑いものにするということで、現在の基準としてテレビでは演じられない。さらにいえば、「あんま」「床屋」という、筆者が子供のころは日常的に使っていた単語も厳密な意味では放送コードに引っかかり、それぞれ、「マッサージ師」「理髪師」に言い替えなくてはならなくなった。大工の八っあんが「建築作業員の八っあん」ではしまりがない。となれば、少なからずの数の古典落語が電波に乗らないのもうなづけよう。新作落語の世界も例外ではない。テレビ落語のパイオニアの一人、三遊亭圓歌の十八番『授業中』も吃音者が出てくるという理由で放送不可。これは少年時代、吃音に悩まされた圓歌師匠の自伝的な作品でもあるのだが。

さすがに、寄席ではそこまでやかましくはないが、それでも、噺の大意をそこなわない程度に途中を端折たり、微妙に表現を変えたりすることはよくあるという。

深化する言葉狩り

反差別という名目による表現の規制が、落語やドラマといったエンタメの世界にまで入り込み始めたのは1970年代半ばごろで、部落解放同盟や彼らの活動に便乗した差別利権団体が過激な糾弾闘争を繰り返していた時期と重なる。民放各社は、独自の「言い替えマニュアル」をつくり、過敏なほどの自主規制でこれに対処した。そのための悲喜劇も多かった。たとえば、あるアニメ番組に「ブラックタクシー」という名前の暴力タクシーが登場するが、「部落タクシー」に聞こえるというクレームがあり、局が謝罪したなどという事例はその最たるものだろう。

こういった、大規模な言葉狩り、表現狩りキャンペーンには、周期のようなものがあるらしい。80年代後半には、「ちびくろサンボ」騒動が起こった。童話『ちびくろサンボ』のサンボが黒人の蔑称で差別にあたるとの指摘を受け絶版に追い込まれた。この余波で、ダッコちゃん人形、カルピスのトレードマークなども、〝ステレオタイプな黒人像〟としてやり玉に挙げられている。

90年代の末から0年代にかけては、ポリティカルコネクトとフェミニズムの台頭か、看護婦を看護師、保母を保育士など、職業名から「性差」を排除する傾向が顕著になった。極端な話では、女優という語を廃止し男女ともに俳優に統一しろという主張もある。確かに、男優という言葉はアダルトビデオの世界ぐらいでしか耳にすることはないが（笑）。ならば、従軍慰安婦も従軍慰安師にしたらよかろう。

筆者など、キャビンアテンダントという呼称はいまだに馴染めず、ついスチュワーデスと呼んでしまうのだが、この語が「女性差別」「職業差別」と言われてしまえば、困惑するばかりである。

メリー・クリスマスの言えないアメリカ

言葉は文化だ。筆者のように文章を飯のタネにしている者にとって、毎年のように多くの言葉が葬られていくのは、仕事上の差しさわり以上に、この国の文化が、ひいては人類の文化が、どんどんと先細っていくかのような危機感を憶えずにいられない。むろん、あからさまな差別語や蔑称は許されるものではないが、それらの言葉でさえ文化的な背景があるわけで、それを無視して言葉だけを狩るようなやり方は、別の新たな差別を生むだけのような気がする。

アメリカでは近年、暮の挨拶である「メリー・クリスマス」を止めて「ハッピー・ホリディー」に変えようという運動がさかんらしい。キリスト教以外の宗教を信仰する人たちへの配慮だそうだ。別にメリー・クリスマスという言葉自体に、異教徒を排除する意味合いはない。こういった文化的に育まれ定着した日常語から宗教由来の言葉を完全に取り除くことは不可能だしナンセンスだ。そもそも日本語の「挨拶」からしてもともとは仏教用語なのである。「差別」（しゃべつ）もだ。「愛敬」も「有難う」も「玄関」も「四苦八苦」もそうで、これらの言葉が生活から消えた世界を想像してほしい。

フランスの議会で、教育現場において「お父さん」、「お母さん」という呼び方を廃止することが正式に決まった。同性カップルを親にもつ子供を傷つけるという理由からだ。「ママン」といういかにもフランスの香り漂う呼び方が少なくとも公的な場所からは抹消され、「親1」（パランタン）、「親2」（パランドゥ）という無機的な言葉に代替されることになったのである。これはまさに文化の放棄であり、狂気の沙汰といっていい。

世界は今、この手の偽善に塗りつぶされ、言いたいことも言えない重苦しい空気に包まれようとしている。その重苦しさを笑うように、トランプは自身のツイッターで堂々とMerry Christmas

と呼びかけ、2016年の大統領選に勝利した。アメリカのサイレント・マジョリティーが賢明かつ健全であることを証明した。

そのトランプが苦慮する全米同時多発的黒人暴動もまた、人々の間に広がった偽善を核として嵐となって渦巻いている。まさしく、黒人無罪、略奪有理。罪のない白人少女が数名の屈強な黒人男性に囲まれ殴る蹴るの暴行にあい、それを止めに入った黒人女性もまた、裏切り者として鉄拳の洗礼を浴びるのだ。分断と憎しみの連鎖はとどまることを知らない。

韓流映画の日本人ヘイト

筆者は、このたびの川崎ヘイト条例の行くつくところは、この分断と対立であると断言する。そして、その両岸の間に累々とした言葉の屍が見えるのだ。

そもそも、民族差別的な言葉を吐く人士など心の卑しいヤツに決まっているし、軽蔑の眼差しで報いるのが最良なわけで、はなはだしい場合も現行法で対処可能だろう。

YouTubeにある韓国映画の1シーンがUPされている。厨房のコックが日本人客の料理に唾を吐きかけるのである。何も知らない日本人客がそれを美味しそうに食べるのを見て、韓国人の観客は大いに留飲を下げるのだろう。わずか1分たらずのシーンに「チョッパリ」（＝豚の足。日本人に対する最大の蔑称）という言葉が4回、「ケッセキ」（＝犬っころ。典型的な罵倒語）が2回も出てくる。おそらくこのシーンがなくても全体のストーリー構成には影響はないはずで、単に日本人ヘイトを目的したヘイト・シーンなのは明らかだ。筆者はこの動画を観て、怒りよりも先に憐みを感じてしまう。冷ややかな笑いさえ浮かぶのだ。こういう映画はむしろどんどん日本公開し、彼らの性根というものを広く知ってもらうがいいと思う。

「鉄の爪」だってヘイトにできる

川崎ヘイト条例を読んでみると、ヘイトの規定が曖昧でどこまでも拡大解釈が可能なのだ。これは恐ろしい。

たとえば、外国人を動物に譬えるのもヘイトだという。となれば、「韓国の猛虎＝大木金太郎」という表現はヘイトとなる。「メキシコの巨像＝ジェス・オルテガ」もだ。「狂える牡牛＝オックス・ベーカー」や「狂犬＝マッドドッグ・バション」などは「狂」の字がつくから、二重の意味でアウトである。黒人レスラーの「毒グモ＝アーニー・ラッド」はBLMからもクレームがつきそうだ。

まだある。「鉄の爪＝フリッツ・フォン・エリック」。鉄の爪は英語でiron claw nailではなくclaw（禽獣類の鉤爪）であるから、これもヘイト条例に抵触する恐れがある。

何度も言う。言葉は文化である。

落語も好き、昭和プロレス文化も愛する一プロレス・ファンとしても、この欠陥だらけの川崎市ヘイト条例は受け入れることはできないのだ。

第三章

ヘイト条例にかかわる一考察

すべてのヘイトに反対する会 幹事長
山本《やまもと》 閑留巳《へるみ》

※プロフィールは
編者欄にて記載

資料の前提として

本書の作成に当たり、活用した資料について、以下紹介する。

データ編は、全国初の川崎市「罰則付き条例」を中心にあげている。


平成二十八年「本邦外出身者に対する不当な差別的言動の解消に向けた取組の推進に関する法律」、いわゆる「ヘイトスピーチ解消法」が施行された。

この法律で定められている国や自治体がすべき政策は、あくまで相談・教育・啓発までである。そもそも、先祖や自身の出身が、本邦であれ本邦外であれ、不当な差別を受けてはいけないはずではないのか。

平成二十八年七月に、川崎市長が川崎市人権施策推進協議会に対し、「ヘイトスピーチに関すること」ついて、優先事項として審議するように依頼している。

審議会は同年十二月、「ヘイトスピーチ対策に特化したものではなく、ヘイトスピーチに繋がる土壌に、直接対処する幅広い条例が必要である」とし、留意点として、「ヘイトスピーチを含めた多文化共生、人種差別撤廃などの人権全般にかかるものが求められる」と言う内容の報告書を市長に提出した。

多文化共生、人種差別撤廃と謳うならば、日本人に対しても同様に差別は行われるべきではなく、共生が図られなければならない。

「川崎市差別のない人権尊重のまちづくり条例」では、「本邦外出身者に対する不当な差別的言動の禁止」（第十二条）に違反した場合、最悪、五十万以下の罰金が科せられることになっているのだ（第二十三条）。

条例名は綺麗だが、実態は日本人、本邦出身者に対する差別行為には触れていない不合理不公平な差別助長条例であると言わざるを得ない。

差別を受けない権利は、先祖が本邦出身者であれ、本邦外出身者であれ、平等であるべきはずだ。

参議院法務委員会における審議について

令和元年十一月に、参議院法務委員会で行われた小野田紀美参議院議員（自由民主党）と、森まさこ法務大臣との間で行われた審議から引用した。

小野田議員より、「本邦外出身者と同様に、日本人、本邦出身者に対してもおとしめたり差別的な言動を取ってもいいということではないんだということ」、「アジア人であれ欧米人であれ日本人であれ誰であれ、守られるべきものであって、この法律というのは決して特定の人間だけを守るという法律ではないんだという認識を是非皆様に持っていただきたい」と発言があり、森大臣も、「本邦外出身者に対するものであるか否かを問わず、国籍、人種、民族等を理由として、差別意識を助長し又は誘発する目的で行われる排他的言動はあってはならないと考えます」と答弁している。

第二百回国会　参議院　法務委員会　第四号　令和元年十一月十四日より

※重要箇所を太字とした。

○小野田紀美君

おはようございます。自民党の小野田紀美です。

早速質問させていただきます。まず初めに、本邦外出身者に対する不当な差別的言動の解消に向けた取組の推進に関する法律、長いんですけど、いわゆるヘイトスピーチ解消法です、こちらについてお伺いをいたします。

この法律の第二条に、本邦外出身者に対する不当な差別的言動という定義が示されているんですけれども、衆議院の附帯決議にもあるように、第二条、この二条が規定するもの以外のものであれば、いかなる差別的言動であっても許されるという理解は誤りであり、あらゆる形態の人種差別に関する国際条約の精神に鑑み、適切に対処することというふうにはっきり明記されております。にもかかわらず、一部で、**日本人は本邦外出身者ではないから差別的な扱いをしても問題はないんだというような意見が最近あるんですね。**これがちょっと私は非常に残念だと思っております。

本邦外出身者と同様に、日本人、本邦出身者に対してもおとしめたり差別的な言動を取ってもいいということではないんだということを、大臣に改めて確認させていただきたい。

○国務大臣（森まさこ君）
小野田委員にお答えいたします。

いわゆるヘイトスピーチ解消法は、本邦外出身者に対する不当な差別的言動を対象とし、そのような言動があってはならないとの理念を明らかにしておりますが、他方、**衆議院及び参議院の各法務委員会における附帯決議において、本邦外出身者に対する不当な差別的言動以外のものであれば、いかなる差別的言動であっても許されるとの理解は誤りである旨明らかにされているところでございます。**

したがって、本邦外出身者に対するものであるか否かを問わず、国籍、人種、民族等を理由として、差別意識を助長し又は誘発する目的で行われる排他的言動はあってはならないと考えます。

○小野田紀美君
ありがとうございます。この認識を是非皆さんに共有していただきたいというふうに強く思います。

それで、法務省のヘイトスピーチに焦点を当てた啓発活動というサイトがありまして、ここでヘイトスピーチに関しての記事が分かりやすくまとめてあるんですけれども、ここに一応、附帯決議というのにリンクが貼ってあるＰＤＦもあるんですけれども、なかなかそれが表に出ていなくて、そこだけのホームページを見ている人は、ほら、日本人に対しては書いていないからほかの民族に関してもいいんだみたいに言っていらっしゃる方もいるのがすごく残念なので、このホームページも是非、附帯決議にある大前提ですね、**いかなる国籍、民族、日本人に対してもいけないんだという、その前提が分かりやすく前の方にしっかり記載されるように、形に出るように、是非ホームページの記載をお願いしたい**と思いますが、いかがでしょうか。

○政府参考人（法務省人権擁護局長　菊池浩君）

お答えいたします。

法務省の人権擁護局のホームページにおきましては、委員御指摘のとおり、ヘイトスピーチに焦点を当てた啓発活動という特集ページを設けまして、ヘイトスピーチについて一般の方々にも分かりやすい説明を心掛けているところでございます。

この特集ページにおきましては、ヘイトスピーチ解消法の条文と併せて附帯決議も掲載しているところでございますけれども、委員の御指摘も踏まえ、そのポイントがより一般の方々の目に触れやすいものとなるよう、改善の方策について検討したいと考えております。

○小野田紀美君

今、附帯決議に関しても載せているというふうにおっしゃったんですが、**ほかの文章は割とちゃんとテキスト起こしがされているのに、附帯決議だけリンクなんです。なので、文章として載っていない。**これではなかなか見ない人も多いので、これを普通のほかのテキストの前段に、早急に改善していただくよう強くお願いを申し上げます。

やはり、これすばらしい法律ではあるんですけれども、ちょっと誤解が生まれるとちょっと偏った法律になってしまうというところが残念でございまして、**アジア人であれ欧米人であれ日本人であれ誰であれ、守られるべきものであって、この法律というのは決して特定の人間だけを守るという法律ではないんだという認識を是非皆様に持っていただきたいなというふうに思います。**

参考資料

資料1

本邦外出身者に対する不当な差別的言動の解消に向けた取組の推進に関する法律

法律第六十八号（平二八・六・三）

我が国においては、近年、本邦の域外にある国又は地域の出身であることを理由として、適法に居住するその出身者又はその子孫を、我が国の地域社会から排除することを煽《せん》動する不当な差別的言動が行われ、その出身者又はその子孫が多大な苦痛を強いられるとともに、当該地域社会に深刻な亀裂を生じさせている。

もとより、このような不当な差別的言動はあってはならず、こうした事態をこのまま看過することは、国際社会において我が国の占める地位に照らしても、ふさわしいものではない。

ここに、このような不当な差別的言動は許されないことを宣言するとともに、更なる人権教育と人権啓発などを通じて、国民に周知を図り、その理解と協力を得つつ、不当な差別的言動の解消に向けた取組を推進すべく、この法律を制定する。

第一章　総則

（目的）
第一条　この法律は、本邦外出身者に対する不当な差別的言動の解消が喫緊の課題であることに鑑み、その解消に向けた取組について、基本理念を定め、及び国等の責務を明らかにするとともに、基本的施策を定め、これを推進することを目的とする。

（定義）
第二条　この法律において「本邦外出身者に対する不当な差別的言動」とは、専ら本邦の域外にある国若しくは地域の出身である者又はその子孫であって適法に居住するもの（以下この条において「本邦外出身者」という。）に対する差別的意識を助長し又は誘発する目的で公然とその生命、身体、自由、名誉若しくは財産に危害を加える旨を告知し又は本邦外出身者を著しく侮蔑するなど、本邦の域外にある国又は地域の出身であることを理由として、本邦外出身者を地域社会から排除することを煽動する不当な差別的言動をいう。

（基本理念）
第三条　国民は、本邦外出身者に対する不当な差別的言動の解消の必要性に対する理解を深めるとともに、本邦外出身者に対する不当な差別的言動のない社会の実現に寄与するよう努めなければならない。

（国及び地方公共団体の責務）

第四条　国は、本邦外出身者に対する不当な差別的言動の解消に向けた取組に関する施策を実施するとともに、地方公共団体が実施する本邦外出身者に対する不当な差別的言動の解消に向けた取組に関する施策を推進するために必要な助言その他の措置を講ずる責務を有する。

2　地方公共団体は、本邦外出身者に対する不当な差別的言動の解消に向けた取組に関し、国との適切な役割分担を踏まえて、当該地域の実情に応じた施策を講ずるよう努めるものとする。

第二章　基本的施策

（相談体制の整備）

第五条　国は、本邦外出身者に対する不当な差別的言動に関する相談に的確に応ずるとともに、これに関する紛争の防止又は解決を図ることができるよう、必要な体制を整備するものとする。

2　地方公共団体は、国との適切な役割分担を踏まえて、当該地域の実情に応じ、本邦外出身者に対する不当な差別的言動に関する相談に的確に応ずるとともに、これに関する紛争の防止又は解決を図ることができるよう、必要な体制を整備するよう努めるものとする。

（教育の充実等）

第六条　国は、本邦外出身者に対する不当な差別的言動を解消するための教育活動を実施するとともに、そのために必要な取組を行うものとする。

２　地方公共団体は、国との適切な役割分担を踏まえて、当該地域の実情に応じ、本邦外出身者に対する不当な差別的言動を解消するための教育活動を実施するとともに、そのために必要な取組を行うよう努めるものとする。

（啓発活動等）

第七条　国は、本邦外出身者に対する不当な差別的言動の解消の必要性について、国民に周知し、その理解を深めることを目的とする広報その他の啓発活動を実施するとともに、そのために必要な取組を行うものとする。

２　地方公共団体は、国との適切な役割分担を踏まえて、当該地域の実情に応じ、本邦外出身者に対する不当な差別的言動の解消の必要性について、住民に周知し、その理解を深めることを目的とする広報その他の啓発活動を実施するとともに、そのために必要な取組を行うよう努めるものとする。

附　則

1　この法律は、公布の日から施行する。

（不当な差別的言動に係る取組についての検討）

2　不当な差別的言動に係る取組については、この法律の施行後における本邦外出身者に対する不当な差別的言動の実態等を勘案し、必要に応じ、検討が加えられるものとする。

（総務・法務・文部科学・内閣総理大臣署名）

資料２
川崎市「人権を尊重するまちづくり条例」

「川崎市差別のない人権尊重のまちづくり条例」では、「本邦外出身者に対する不当な差別的言動の禁止」（第12条）に違反した場合、最悪、五十万以下の罰金が科せられることになっている（第23条）。条例名は綺麗だが、実態は日本人に対する差別行為には触れていない不合理不公平な差別助長条例であると言わざるを得ない。

差別を受けない権利は、先祖が本邦出身者であれ、本邦外出身者であれ、平等であるべきはずだ。

同条例は、前文、五つの章、二十四ヶ条、附則から構成されている。

※重要箇所を太字とし、線を引いた。

前文

川崎市は、日本国憲法及び日本国が締結した人権に関する諸条約の理念を踏まえ、あらゆる不当な差別の解消に向けて、一人ひとりの人間の尊厳を最優先する人権施策を、平等と多様性を尊重し、着実に実施してきた。

しかしながら、今なお、不当な差別は依然として存在し、に対本邦外出身者する不当な差別的言動、インターネットを利用した人権侵害などの人権課題も生じている。

このような状況を踏まえ、市、市民及び事業者が協力して、不当な差別の解消と人権課題の解決に向けて、人権尊重の理念の普及をより一層推進していく必要がある。

ここに、川崎市は、**全ての市民が不当な差別を受けることなく、個人として尊重され、生き生きと暮らすことができる人権尊重のまちづくりを推進していくため、この条例を制定する。**

第1章　総則

（目的）
第1条　この条例は、不当な差別のない人権尊重のまちづくりに関し、市、市民及び事業者の責務を明らかにするとともに、人権に関する施策の基本となる事項及び本邦外出身者に対する不当な差別的言動の解消に向けた取組に関する事項を定めることにより、人権尊重のまちづくりを総合的かつ計画的に推進し、もって人権を尊重し、共に生きる社会の実現に資することを目的とする。

（定義）
第2条　この条例において、次の各号に掲げる用語の意義は、それぞれ当該各号に定めるところによる。

(1)　**不当な差別**　**人種、国籍、民族、信条、年齢、性別、性的指向、性自認、出身、障害その他の事由を理由とする不当な差別をいう。**

(2)　**本邦外出身者に対する不当な差別的言動**　**本邦外出身者に対する不当な差別的言動の解消に向けた取組の推進に関する法律**（平成二十八年法律第六十八号。以下「法」という。）**第2条に規定する本邦外出身者に対する不当な差別的言動をいう。**

第2章　不当な差別のない人権尊重のまちづくりの推進

（市の責務）

第3条　市は、この条例の目的を達成するため、不当な差別を解消するための施策その他の人権に関する施策を総合的かつ計画的に推進しなければならない。

（市民及び事業者の責務）

第4条　市民及び事業者は、市の実施する不当な差別を解消するための施策その他の人権に関する施策に協力するよう努めなければならない。

（不当な差別的取扱いの禁止）

第5条　何人も、人種、国籍、民族、信条、年齢、性別、性的指向、性自認、出身、障害その

他の事由を理由とする不当な差別的取扱いをしてはならない。

（人権施策推進基本計画）

第6条　市長は、不当な差別を解消するための施策その他の人権に関する施策を総合的かつ計画的に推進するため、川崎市人権施策推進基本計画（以下「基本計画」という。）を策定するものとする。

2　基本計画には、次に掲げる事項を定めるものとする。

(1)　人権に関する施策の基本理念及び基本目標

(2)　人権に関する基本的施策

(3)　その他人権に関する施策を推進するために必要な事項

3　市長は、基本計画を策定しようとするときは、あらかじめ、川崎市人権尊重のまちづくり推進協議会の意見を聴かなければならない。

4　市長は、基本計画を策定したときは、これを公表するものとする。

5　前2項の規定は、基本計画の変更について準用する。

（人権教育及び人権啓発）

第7条　市は、不当な差別を解消し、並びに人権尊重のまちづくりに対する市民及び事業者の理解を深めるため、人権教育（人権教育及び人権啓発の推進に関する法律（平成12年法律第147号）第2条に規定する人権教育をいう。）及び人権啓発（同条に規定する人権啓発をいう。）を推進するものとする。

（人権侵害による被害に係る支援）

第8条　市は、インターネットを利用した不当な差別その他の人権侵害による被害の救済を図るため、関係機関等と連携し、相談の実施、情報の提供その他の必要な支援を行うものとする。

（情報の収集及び調査研究）

第9条　市は、不当な差別を解消するための施策その他の人権に関する施策を効果的に実施するため、必要な情報の収集及び調査研究を行うものとする。

（人権尊重のまちづくり推進協議会）

第10条　第6条第3項に定めるもののほか、不当な差別のない人権尊重のまちづくりの推進に関する重要事項について、市長の諮問に応じ、調査審議するため、川崎市人権尊重のまちづくり推進協議会（以下「協議会」という。）を置く。
2　協議会は、委員12人以内で組織する。
3　委員は、学識経験者、関係団体の役職員及び市民のうちから市長が委嘱する。
4　委員の任期は、2年とする。ただし、補欠の委員の任期は、前任者の残任期間とする。
5　委員は、再任されることができる。
6　第3項の委員のほか、特別の事項を調査審議させるため必要があるときは、協議会に臨時委員を置くことができる。
7　臨時委員は、前項の規定による調査審議が終了したときは、解嘱されるものとする。
8　委員及び臨時委員は、職務上知ることができた秘密を漏らしてはならない。その職を退いた後も同様とする。
9　協議会は、必要に応じ部会を置くことができる。
10　前各項に定めるもののほか、協議会の組織及び運営に関し必要な事項は、規則で定める。

第3章　本邦外出身者に対する不当な差別的言動の解消に向けた取組の推進

（この章の趣旨）
第11条　市は、法第４条第２項の規定に基づき、市の実情に応じた施策を講ずることにより、本邦外出身者に対する不当な差別的言動の解消を図るものとする。

（本邦外出身者に対する不当な差別的言動の禁止）
第12条　何人も、市の区域内の道路、公園、広場その他の公共の場所において、拡声機（携帯用のものを含む。）を使用し、看板、プラカードその他これらに類する物を掲示し、又はビラ、パンフレットその他これらに類する物を配布することにより、本邦の域外にある国又は地域を特定し、当該国又は地域の出身であることを理由として、次に掲げる本邦外出身者に対する不当な差別的言動を行い、又は行わせてはならない。
⑴　**本邦外出身者**（法第２条に規定する本邦外出身者をいう。以下同じ。）**をその居住する地域から退去させることを煽動し、又は告知するもの**
⑵　**本邦外出身者の生命、身体、自由、名誉又は財産に危害を加えることを煽動し、又は告知するもの**
⑶　**本邦外出身者を人以外のものにたとえるなど、著しく侮辱するもの**

（勧告）

第13条　市長は、前条の規定に違反して同条各号に掲げる本邦外出身者に対する不当な差別的言動を行い、又は行わせた者が、再び当該本邦外出身者に対する不当な差別的言動に係る国又は地域と同一の国又は地域の出身であることを理由とする同条の規定に違反する同条各号に掲げる本邦外出身者に対する不当な差別的言動（以下「同一理由差別的言動」という。）を行い、又は行わせる明らかなおそれがあると認めるに足りる十分な理由があるときは、その者に対し、地域を定めて、この項の規定による勧告の日から6月間、同一理由差別的言動を行い、又は行わせてはならない旨を勧告することができる。

2　市長は、前項の規定による勧告をしようとするときは、あらかじめ、川崎市差別防止対策等審査会の意見を聴かなければならない。ただし、緊急を要する場合で、あらかじめ、その意見を聴くいとまがないときは、この限りでない。

（命令）

第14条　市長は、前条第1項の規定による勧告に従わなかった者が、再び同一理由差別的言動を行い、又は行わせる明らかなおそれがあると認めるに足りる十分な理由があるときは、その者に対し、地域を定めて、この項の規定による命令の日から6月間、同一理由差別的言動を行い、又は行わせてはならない旨を命ずることができる。

2　市長は、前項の規定による命令をしようとするときは、あらかじめ、川崎市差別防止対策等審査会の意見を聴かなければならない。ただし、緊急を要する場合で、あらかじめ、その意見を聴くいとまがないときは、この限りでない。

（公表）

第15条　**市長は、前条第1項の規定による命令を受けた者が、当該命令に従わなかったときは、次に掲げる事項を公表することができる**。

(1)　命令を受けた者の氏名又は名称及び住所並びに法人（法人でない団体で代表者又は管理人の定めのあるものを含む。）にあっては、その代表者又は管理人の氏名

(2)　命令の内容

(3)　その他規則で定める事項

2　市長は、前項の規定による公表をしようとするときは、あらかじめ、川崎市差別防止対策等審査会の意見を聴かなければならない。

3　市長は、前項に規定する川崎市差別防止対策等審査会の意見を聴いて、第1項の規定による公表をしようとするときは、あらかじめ、当該公表される者にその理由を通知し、その者が意見を述べ、証拠を提示する機会を与えなければならない。

（公の施設の利用許可等の基準）

第16条　市長は、公の施設（市が設置するものに限る。以下同じ。）において、本邦外出身者に対する不当な差別的言動が行われるおそれがある場合における公の施設の利用許可及びその取消しの基準その他必要な事項を定めるものとする。

（インターネット表現活動に係る拡散防止措置及び公表）

第17条　市長は、インターネットその他の高度情報通信ネットワークを利用する方法による表現活動（他の表現活動の内容を記録した文書、図画、映像等を不特定多数の者による閲覧又は視聴ができる状態に置くことを含む。以下「インターネット表現活動」という。）のうち次に掲げるものが本邦外出身者に対する不当な差別的言動に該当すると認めるときは、事案の内容に即して、当該インターネット表現活動に係る表現の内容の拡散を防止するために必要な措置を講ずるものとする。

(1)　市の区域内で行われたインターネット表現活動

(2)　市の区域外で行われたインターネット表現活動（市の区域内で行われたことが明らかでないものを含む。）で次のいずれかに該当するもの

ア　表現の内容が特定の市民等（市の区域内に住所を有する者、在勤する者、在学する者その他市に関係ある者として規則で定める者をいう。以下同じ。）を対象としたものであると明らかに認められるインターネット表現活動

イ　アに掲げるインターネット表現活動以外のインターネット表現活動であっ

て、市の区域内で行われた本邦外出身者に対する不当な差別的言動の内容を市の区域内に拡散するもの

2　市長は、前項の措置を講じたときは、当該インターネット表現活動が本邦外出身者に対する不当な差別的言動に該当する旨、当該インターネット表現活動に係る表現の内容の概要及びその拡散を防止するために講じた措置その他規則で定める事項を公表するものとする。ただし、これを公表することにより第11条の趣旨を阻害すると認められるときその他特別の理由があると認められるときは、公表しないことができる。

3　前2項の規定による措置及び公表は、市民等の申出又は職権により行うものとする。

4　市長は、第1項及び第2項の規定による措置及び公表をしようとするときは、あらかじめ、川崎市差別防止対策等審査会の意見を聴かなければならない。

5　市長は、第2項の規定による公表をするに当たっては、当該本邦外出身者に対する不当な差別的言動の内容が拡散することのないよう十分に留意しなければならない。

（差別防止対策等審査会）

第18条　第13条第2項本文、第14条第2項本文、第15条第2項及び前条第4項に定めるもののほか、不当な差別の解消のために必要な事項について、市長の諮問に応じ、調査審議するため、川崎市差別防止対策等審査会（以下「審査会」という。）を置く。

2　審査会は、委員5人以内で組織する。

3　委員は、学識経験者のうちから市長が委嘱する。
4　第10条第4項から第10項までの規定は、審査会について準用する。

（審査会の調査審議手続）
第19条　審査会は、市長又は第17条第4項の規定により調査審議の対象となっているインターネット表現活動に係る同条第3項の規定による申出を行った市民等に意見書又は資料の提出を求めること、適当と認める者にその知っている事実を述べさせることその他必要な調査を行うことができる。
2　審査会は、第13条第2項本文、第14条第2項本文若しくは第15条第2項の規定により調査審議の対象となっている者又は前項のインターネット表現活動を行ったと認められる者に対し、相当の期間を定めて、書面により意見を述べる機会を与えることができる。
3　審査会は、必要があると認めるときは、その指名する委員に第1項の規定による調査を行わせることができる。

（表現の自由等への配慮）
第20条　この章の規定の適用に当たっては、表現の自由その他の日本国憲法の保障する国民の自由と権利を不当に侵害しないように留意しなければならない。

第4章　雑則

（報告及び質問）

第21条　市長は、第13条から第15条までの規定の施行に必要な限度において、第12条の規定に違反して同条各号に掲げる本邦外出身者に対する不当な差別的言動を行い、若しくは行わせたと認められる者又は第13条第1項の規定による勧告若しくは第14条第1項の規定による命令に従わなかったと認められる者に対し、必要な報告を求め、又はその職員に、関係者に質問させることができる。

2　前項の規定により質問を行う職員は、その身分を示す証明書を携帯し、関係者の請求があったときは、これを提示しなければならない。

3　第1項の規定による権限は、犯罪捜査のために認められたものと解釈してはならない。

（委任）

第22条　この条例に定めるもののほか、この条例の実施のため必要な事項は、規則で定める。

第5章　罰則

第23条　**第14条第1項の規定による市長の命令に違反した者は、500,000円以下の罰金に処する。**

第24条　法人（法人でない団体で代表者又は管理人の定めのあるものを含む。以下この項において同じ。）の代表者若しくは管理人又は法人若しくは人の代理人、使用人その他の従業者が、その法人又は人の業務に関し、前条の違反行為をしたときは、行為者を罰するほか、その法人又は人に対しても、同条の刑を科する。

2　法人でない団体について前項の規定の適用がある場合には、その代表者又は管理人が、その訴訟行為につき法人でない団体を代表するほか、法人を被告人又は被疑者とする場合の刑事訴訟に関する法律の規定を準用する。

附則

（施行期日）

1　この条例は、公布の日から施行する。ただし、次の各号に掲げる規定は、当該各号に定める日から施行する。

（1）　第６条第３項、第10条、第11条及び第16条から第20条までの規定
令和２年４月１日
（2）　第12条から第15条まで、第21条及び第５章の規定　令和２年７月１日

（経過措置）
２　この条例の施行の際現に策定されている川崎市人権施策推進基本計画は、第６条第１項の規定により策定された基本計画とみなす。

資料3
大阪市ヘイトスピーチへの対処に関する条例

大阪市ヘイトスピーチ条例　平成28年6月に制定された。罰則規定については、罰金はないものの氏名公表はされる。氏名公表例は、一年間保存される。

（目的）
第1条　この条例は、ヘイトスピーチが個人の尊厳を害し差別の意識を生じさせるおそれがあることに鑑み、ヘイトスピーチに対処するため本市がとる措置等に関し必要な事項を定めることにより、市民等の人権を擁護するとともにヘイトスピーチの抑止を図ることを目的とする。

（定義）
第2条　この条例において「ヘイトスピーチ」とは、次に掲げる要件のいずれにも該当する表現活動をいう。
(1)　次のいずれかを目的として行われるものであること（ウについては、当該目的が明らかに認められるものであること）
ア　人種若しくは民族に係る特定の属性を有する個人又は当該個人により構

成される集団（以下「特定人等」という。）を社会から排除すること
イ　特定人等の権利又は自由を制限すること
ウ　特定人等に対する憎悪若しくは差別の意識又は暴力をあおること
⑵　表現の内容又は表現活動の態様が次のいずれかに該当すること
ア　特定人等を相当程度侮蔑し又は誹謗中傷するものであること
イ　特定人等（当該特定人等が集団であるときは、当該集団に属する個人の相当数）に脅威を感じさせるものであること
⑶　不特定多数の者が表現の内容を知り得る状態に置くような場所又は方法で行われるものであること

2　この条例にいう「表現活動」には、次に掲げる活動を含むものとする。
⑴　他の表現活動の内容を記録した印刷物、光ディスク（これに準ずる方法により一定の事項を確実に記録することができる物を含む。）その他の物の販売若しくは頒布又は上映
⑵　インターネットその他の高度情報通信ネットワークを利用して他の表現活動の内容を記録した文書図画又は画像等を不特定多数の者による閲覧又は視聴ができる状態に置くこと
⑶　その他他の表現活動の内容を拡散する活動

3　この条例において「市民」とは、本市の区域内に居住する者又は本市の区域内に通勤し若しくは通学する者をいう。
4　この条例において「市民等」とは、市民又は人種若しくは民族に係る特定の属性を有する市民により構成される団体をいう。

(啓発)
第3条　本市は、ヘイトスピーチが個人の尊厳を害し差別の意識を生じさせるおそれがあることに鑑み、ヘイトスピーチによる人権侵害に関する市民の関心と理解を深めるための啓発を行うものとする。

(措置等の基本原則)
第4条　次条及び第6条の規定による措置及び公表は、市民等の人権を擁護することを目的として実施されるものであることに鑑み、国による人権侵犯事件に係る救済制度等による救済措置を補完することを旨としつつ、同救済制度等と連携を図りながら実施されなければならない。

(拡散防止の措置及び認識等の公表)

第5条　市長は、次に掲げる表現活動がヘイトスピーチに該当すると認めるときは、事案の内容に即して当該表現活動に係る表現の内容の拡散を防止するために必要な措置をとるとともに、当該表現活動がヘイトスピーチに該当する旨、表現の内容の概要及びその拡散を防止するためにとった措置並びに当該表現活動を行ったものの氏名又は名称を公表するものとする。ただし、当該表現活動を行ったものの氏名又は名称については、これを公表することにより第1条の目的を阻害すると認められるとき、当該表現活動を行ったものの所在が判明しないときその他特別の理由があると認めるときは、公表しないことができる。

(1)　本市の区域内で行われた表現活動

(2)　本市の区域外で行われた表現活動（本市の区域内で行われたかどうか明らかでない表現活動を含む。）で次のいずれかに該当するもの

ア　表現の内容が市民等に関するものであると明らかに認められる表現活動

イ　アに掲げる表現活動以外の表現活動で本市の区域内で行われたヘイトスピーチの内容を本市の区域内に拡散するもの

2　前項の規定による措置及び公表は、表現活動が自らに関するヘイトスピーチに該当すると思料する特定人等である市民等の申出により又は職権で行うものとする。

3　市長は、第1項の規定による公表をしようとするときは、あらかじめ、当該公表に係

るヘイトスピーチを行ったものに公表の内容及び理由を通知するとともに、相当の期間を定めて、意見を述べるとともに有利な証拠を提出する機会を与えなければならない。ただし、当該公表に係るヘイトスピーチを行ったものの所在が判明しないとき又は当該公表の内容が次条第3項の規定に基づき第7条の規定による大阪市ヘイトスピーチ審査会（以下「審査会」という。）の意見を聴く対象とした公表の内容と同一であり、かつ、審査会において当該公表の内容が妥当であるとの意見が述べられたときは、この限りでない。

4　前項本文の意見は、市長が口頭ですることを認めたときを除き、書面により述べなければならない。

5　市長は、第1項の規定による公表に当たっては、当該ヘイトスピーチの内容が拡散することのないよう十分に留意しなければならない。

6　第1項の規定による公表は、インターネットを利用する方法その他市規則で定める方法により行うものとする。

（審査会の意見聴取）

第6条　市長は、前条第2項の申出があったとき又は同条第1項各号に掲げる表現活動がヘイトスピーチに該当するおそれがあると認めるときは、次に掲げる事項について、あらかじめ審査会の意見を聴かなければならない。ただし、同条第2項の申出があった場合において、当該申出に係る表現活動が同条第1項各号のいずれにも該当しないと明らかに認められるときは、この限りでない。

(1)　当該表現活動が前条第1項各号のいずれかに該当するものであること
(2)　当該表現活動がヘイトスピーチに該当するものであること

2　市長は、前項ただし書の規定により審査会の意見を聴かなかったときは、速やかにその旨を審査会に報告しなければならない。この場合において、審査会は市長に対し、当該報告に係る事項について意見を述べることができる。

3　市長は、前2項の規定に基づく審査会の意見が述べられた場合において、前条第1項の規定による措置及び公表をしようとするときは、当該措置及び公表の内容について、あらかじめ審査会の意見を聴かなければならない。ただし、同項の規定による措置については、緊急を要するときその他第1条の目的を達成するため特に必要があると認めるときは、審査会の意見を聴かないでとることができる。

4　市長は、前項ただし書の規定により審査会の意見を聴かないで前条第1項の規定による措置をとったときは、速やかにその旨を審査会に報告しなければならない。この場合において、審査会は市長に対し、当該報告に係る事項について意見を述べることができる。

5　市長は、前項の規定に基づく審査会の意見が述べられたときは、前条第1項の規定による公表において、当該意見の内容を公表するものとする。

（審査会の設置）

第7条　前条第1項から第4項までの規定によりその権限に属するものとされた事項について、諮問に応じて調査審議をし、又は報告に対して意見を述べさせるため、市長の附属機関として審査会を置く。

2　審査会は、前項に定めるもののほか、この条例の施行に関する重要な事項について、市長の諮問に応じて調査審議をするとともに、市長に意見を述べることができる。

（審査会の組織）

第8条　審査会は、委員5人以内で組織する。

2　審査会の委員は、市長が、学識経験者その他適当と認める者のうちから市会の同意を得て委嘱する。

3　審査会の委員の任期は、2年とする。ただし、補欠の委員の任期は、前任者の残任期間とする。

4　委員は、1回に限り再任されることができる。

5　審査会の委員は、職務上知り得た秘密を漏らしてはならない。その職を退いた後も同様とする。
6　審査会の委員は、在任中、政党その他の政治的団体の役員となり、又は積極的に政治運動をしてはならない。
7　市長は、審査会の委員が前2項の規定に違反したときは、当該委員を解嘱することができる。

（審査会の調査審議手続）
第9条　審査会は、必要があると認めるときは、市長又は調査審議の対象となっている表現活動に係る第5条第2項の規定による申出をした市民等（以下「申出人」という。）に意見書又は資料の提出を求めること、適当と認める者にその知っている事実を述べさせることその他必要な調査をすることができる。
2　審査会は、調査審議の対象となっている表現活動に係る申出人又は当該表現活動を行ったもの（以下これらを「関係人」という。）に対し、相当の期間を定めて、書面により意見を述べるとともに有利な証拠を提出する機会を与えなければならない。ただし、関係人の所在が判明しないときは、当該関係人については、この限りでない。
3　前項に定めるもののほか、審査会は、関係人から申立てがあったときは、相当の期間を定めて、当該関係人に口頭で意見を述べる機会を与えなければならない。ただし、審査会が、その必要がないと認めるときは、この限りでない。

4　前項本文の場合においては、関係人は、審査会の許可を得て、補佐人とともに出頭することができる。

5　審査会は、必要があると認めるときは、その指名する委員に次に掲げる事項を行わせることができる。

(1)　第1項の規定による調査
(2)　第3項本文の規定による関係人の意見の陳述を聴くこと
(3)　第6条第2項の規定による報告を受けること

6　審査会の行う調査審議の手続は、公開しない。ただし、第7条第2項に規定する事項に関する調査審議の手続については、特段の支障がない限り、公開して行うものとする。

（審査会に関する規定の委任）
第10条　前3条に定めるもののほか、審査会の組織及び運営並びに調査審議の手続に関し必要な事項は、市規則で定める。

（適用上の注意）

第11条　この条例の適用に当たっては、表現の自由その他の日本国憲法の保障する国民の自由と権利を不当に侵害しないように留意しなければならない。

（施行の細目）

第12条　この条例の施行に関し必要な事項は、市規則で定める。

附　則

1　この条例は、公布の日から施行する。ただし、第４条から第６条まで及び次項の規定の施行期日は、市長が定める。

2　第４条から第６条までの規定は、これらの規定の施行後に行われた表現活動について適用する。

3　市長は、国においてヘイトスピーチに関する法制度の整備が行われた場合には、当該制度の内容及びこの条例の施行の状況を勘案し、必要があると認めるときは、この条例の規定について検討を加え、その結果に基づいて必要な措置を講ずるものとする。

上記ヘイトスピーチ条例に基づき、実際に氏名が公表された例

令和元年12月27日、大阪市長 松 井 一 郎 による。

大阪市ヘイトスピーチへの対処に関する条例に基づくヘイトスピーチの公表
（案件番号「平28－6」）

大阪市ヘイトスピーチへの対処に関する条例（平成28年大阪市条例第1号。以下「条例」という。）
第2条第1項に規定するヘイトスピーチに該当する表現活動
（案件番号「平28－6」）について、条例第5条第1項の規定に基づき次のとおり公表する。

1　ヘイトスピーチに該当する旨の認識「保守速報」と題されたインターネット上のウェブサイト（http://hosyusokuhou.jp/）の中の特定のウェブページ（以下「本件ウェブページ」という。）に、インターネット上の電子掲示板（2ちゃんねる）に投稿された文章を編集して作成した記事（以下「本件まとめ記事」という。）を掲載し、不特定の者から投稿されたコメント（以下「本件コメント」という。）とともに不特定多数の者が閲覧できる状態に置いていた行為（以下「本件表現活動」という。）は、条例第2条第1項に規定する

ヘイトスピーチ（以下単に「ヘイトスピーチ」という。）に該当する。

2　本件表現活動に係る表現の内容の概要本件まとめ記事には、在日韓国・朝鮮人に対て「外人の癖に何の権利が有って言ってんだ、気に入らないなら日本から出て行けよ」「在日チョンを駆逐排除するのが、むしろ正しい。朝鮮人撲滅」「朝鮮人に市の施設を使わせるなよ」「何で在日調子乗ってんの？」「これってテロリストと同じ思考じゃね？　やっぱテロリストミンジョクなんだな朝鮮人って」といった不適切な表現であり、かつ、当該表現の趣旨や内容に沿ったコメントを誘引する文章（以下「本件不適切文章」という。）が掲載され、本件コメントの中の「害人に権利なんかねーんだよ　朝鮮人を日本から叩き出せ[redacted]」「見かけたチョンから始末しろって意味だよね、コレ。」「朝鮮人はしんでください」「ゴミはゴミ箱へ　朝鮮人もゴミ箱へ　焼却処分」「糞食いの分際で人間より上等な身分になったつもりか　ころされたいのか」「汚い朝鮮人を徹底的に駆除しろ！」といったコメントによって本件不適切文章による表現の趣旨や内容が顕在化ないし増幅されていた。

※　当該内容はヘイトスピーチに該当するものであるが、当該内容を一般市民に周知することによって、ヘイトスピーチの問題に関する一般市民の理解を促進し人権意識をより一層高

揚させ、ヘイトスピーチの抑止につなげるとともに、本市が条例に基づき公正にヘイトスピーチに該当すると認定したことを示す観点から公表するものである。

3　本件表現活動に係る表現の内容の拡散を防止するためにとった措置の内容本件表現活動については、既に本件ウェブページが削除されており、2記載の表現の内容が拡散することはないと認められるため、特段の措置はとらないこととした。

4　本件表現活動を行ったものの氏名　※氏名は記載されているがここでは割愛する。

資料４
東京都オリンピック憲章にうたわれる人権尊重の理念の実現を目指す条例

東京都はオリンピックを視野に入れての条例となっている。

東京は、首都として日本を牽《けん》引するとともに、国の内外から多くの人々が集まる国際都市として日々発展を続けている。また、一人一人に着目し、誰もが明日に夢をもって活躍できる都市、多様性が尊重され、温かく、優しさにあふれる都市の実現を目指し、不断の努力を積み重ねてきた。

東京都は、人権尊重に関して、日本国憲法その他の法令等を遵守し、これまでも東京都人権施策推進指針に基づき、総合的に施策を実施してきた。今後さらに、国内外の趨《すう》勢を見据えることはもとより、東京二〇二〇オリンピック・パラリンピック競技大会の開催を契機として、いかなる種類の差別も許されないというオリンピック憲章にうたわれる理念が、広く都民に浸透した都市を実現しなければならない。

東京に集う多様な人々の人権が、誰一人取り残されることなく尊重され、東京が、持続可能なより良い未来のために人権尊重の理念が実現した都市であり続けることは、都民全ての願いである。

東京都は、このような認識の下、誰もが認め合う共生社会を実現し、多様性を尊重する都市をつくりあげるとともに、様々な人権に関する不当な差別を許さないことを改めてここに明らかにする。

そして、人権が尊重された都市であることを世界に向けて発信していくことを決意し、この条例を制定する。

第一章　オリンピック憲章にうたわれる人権尊重の理念の実現

（目的）
第一条　この条例は、東京都（以下「都」という。）が、啓発、教育等（以下「啓発等」という。）の施策を総合的に実施していくことにより、いかなる種類の差別も許されないという、オリンピック憲章にうたわれる人権尊重の理念が広く都民等に一層浸透した都市となることを目的とする。

（都の責務等）

第二条　都は、人権尊重の理念を東京の隅々にまで浸透させ、多様性を尊重する都市をつくりあげていくため、必要な取組を推進するものとする。
2　都は、国及び区市町村（特別区及び市町村をいう。以下同じ。）が実施する人権尊重のための取組について協力するものとする。
3　都民は、人権尊重の理念について理解を深めるとともに、都がこの条例に基づき実施する人権尊重のための取組の推進に協力するよう努めるものとする。
4　事業者は、人権尊重の理念について理解を深め、その事業活動に関し、人権尊重のための取組を推進するとともに、都がこの条例に基づき実施する人権尊重のための取組の推進に協力するよう努めるものとする。

第二章　多様な性の理解の推進

（趣旨）
第三条　都は、性自認（自己の性別についての認識のことをいう。以下同じ。）及び性的指向（自己の恋愛又は性愛の対象となる性別についての指向のことをいう。以下同じ。）を理由とする不当な差別の解消（以下「差別解消」という。）並びに性自認及び性的指向に関する啓発等の推進を図るものとする。

（性自認及び性的指向を理由とする不当な差別的取扱いの禁止）
第四条　都、都民及び事業者は、性自認及び性的指向を理由とする不当な差別的取扱いをしてはならない。

（都の責務）（都民の責務）
第五条　都は、第三条に規定する差別解消並びに性自認及び性的指向に関する啓発等の推進を図るため、基本計画を定めるとともに、必要な取組を推進するものとする。
2　都は、前項の基本計画を定めるに当たっては、都民等から意見を聴くものとする。
3　都は、国及び区市町村が実施する差別解消並びに性自認及び性的指向に関する啓発等の取組について協力するものとする。

（都民の責務）
第六条　都民は、都がこの条例に基づき実施する差別解消の取組の推進に協力するよう努めるものとする。

（事業者の責務）
第七条　事業者は、その事業活動に関し、差別解消の取組を推進するとともに、都がこの条例に基づき実施する差別解消の取組の推進に協力するよう努めるものとする。

第三章　本邦外出身者に対する不当な差別的言動の解消に向けた取組の推進

（趣旨）

第八条　都は、本邦外出身者に対する不当な差別的言動の解消に向けた取組の推進に関する法律（平成二十八年法律第六十八号。以下「法」という。）第四条第二項に基づき、都の実情に応じた施策を講ずることにより、不当な差別的言動（法第二条に規定するものをいう。以下同じ。）の解消を図るものとする。

（定義）

第九条　この章において、次の各号に掲げる用語の意義は、それぞれ当該各号に定めるところによる。

一　公の施設地方自治法（昭和二十二年法律第六十七号）第二百四十四条の二の規定に基づき、都条例で設置する施設をいう。

二　表現活動集団行進及び集団示威運動並びにインターネットによる方法その他手段により行う表現行為をいう。

（啓発等の推進）
第十条　都は、不当な差別的言動を解消するための啓発等を推進するものとする。
（公の施設の利用制限）
第十一条　知事は、公の施設において不当な差別的言動が行われることを防止するため、公の施設の利用制限について基準を定めるものとする。
（拡散防止措置及び公表）
第十二条　知事は、次に掲げる表現活動が不当な差別的言動に該当すると認めるときは、事案の内容に即して当該表現活動に係る表現の内容の拡散を防止するために必要な措置を講ずるとともに、当該表現活動の概要等を公表するものとする。ただし、公表することにより第八条の趣旨を阻害すると認められるときその他特別の理由があると認められるときは、公表しないことができる。
一　都の区域内で行われた表現活動
二　都の区域内で行われた表現活動（都の区域内で行われたことが明らかでないものを含む。）で次のいずれかに該当するもの
ア　都民等に関する表現活動

イ　アに掲げる表現活動以外のものであって、都の区域内で行われた表現活動に係る表現の内容を都の区域内に拡散するもの

2　前項の規定による措置及び公表は、都民等の申出又は職権により行うものとする。

3　知事は、第一項の規定による公表を行うに当たっては、当該不当な差別的言動の内容が拡散することのないよう十分に留意しなければならない。

4　第一項の規定による公表は、インターネットを利用する方法その他知事が認める方法により行うものとする。

（審査会の意見聴取）

第十三条　知事は、前条第一項各号に定める表現活動が不当な差別的言動に該当するおそれがあると認めるとき又は同条第二項の規定による申出があったときは、次に掲げる事項について、審査会の意見を聴かなければならない。ただし、同項の規定による申出があった場合において、当該申出に係る表現活動が同条第一項各号のいずれにも該当しないと明らかに認められるときは、この限りでない。

一　当該表現活動が前条第一項各号のいずれかに該当するものであること。

二　当該表現活動が不当な差別的言動に該当するものであること。

2　知事は、前項ただし書の場合には、速やかに審査会に報告しなければならない。この場合において、審査会は知事に対し、当該報告に係る事項について意見を述

べることができる。

3　知事は、前条第一項の規定による措置又は公表を行おうとするときは、あらかじめ審査会の意見を聴かなければならない。

（審査会の設置）

第十四条　前条各項の規定によりその権限に属するものとされた事項について調査審議し、又は報告に対して意見を述べさせるため、知事の附属機関として、審査会を置く。

2　審査会は、前項に定めるもののほか、この章の施行に関する重要な事項について調査審議するとともに、知事に意見を述べることができる。

（審査会の組織）

第十五条　審査会は、委員五人以内で組織する。

2　審査会の委員は、知事が、学識経験者その他適当と認める者のうちから委嘱する。

3　委員の任期は二年とし、補欠の委員の任期は前任者の残任期間とする。ただし、再任を妨げない。

（審査会の調査審議手続）

第十六条　審査会は、知事又は第十三条第一項若しくは第三項の規定により調査審議の対象となっている表現活動に係る第十二条第二項の規定による申出を行った都民等に意見書又は資料の提出を求めること、適当と認める者にその知っている事実を述べさせることその他必要な調査を行うことができる。

２　審査会は、前項の表現活動を行った者に対し、相当の期間を定めて、書面により意見を述べる機会を与えることができる。

３　審査会は、必要があると認めるときは、その指名する委員に第一項の規定による調査を行わせることができる。

（審査会の規定に関する委任）

第十七条　前三条に定めるもののほか、審査会の組織及び運営並びに調査審議の手続に関し必要な事項は、知事が別に定める。

（表現の自由等への配慮）

第十八条　この章の規定の適用に当たっては、表現の自由その他の日本国憲法の保障する国民の自由と権利を不当に侵害しないように留意しなければならない。

附則

1　この条例は、公布の日から施行する。ただし、第十一条から第十三条まで及び第十六条の規定は、平成三十一年四月一日から施行する。

2　第十一条から第十三条まで及び第十六条の規定は、前項ただし書に規定する日以後に行われた表現活動について適用する。

第四章

国内外の日本人に対するヘイトスピーチ解消法

小山 常実

日本国民や外国に居住する日本出身者に対する「不当な差別的言動」（ヘイトスピーチ）を解消する一つの方策として、「日本国民及び本邦出身者に対する不当な差別的言動の解消に向けた取組の推進に関する法律」というものを考えてみた。この法律案は、「本邦外出身者に対する不当な差別的言動の解消に向けた取組の推進に関する法律」＝《本邦外出身者に対するヘイトスピーチ解消法》を参考にして、この日本人差別法に対する対抗案として作ったものである。平成28年7月5日に開催された「『欠陥ヘイト法と日本の危機』を語る国民集会」の後に、本邦外出身者に対するヘイトスピーチ解消法を読みこんでみたが、面白いことに、「日本国民及本邦出身者に対する不当な差別的言動の解消に向けた取組の推進に関する法律」という理念法＝《日本国民及び本邦出身者に対するヘイトスピーチ解消法》をすぐに作ることができた。今回、その法律案に微修正を加えて以下に掲載する。

日本国民及び本邦出身者に対する不当な差別的言動の解消に向けた取組の推進に関する法律案

世界各地においては、近年、本邦の出身であることを理由として適法に居住するその出身者又はその子孫に対する不当な差別的言動が行われ、その出身者又はその子孫が多大な苦痛を強いられるとともに、当該地域社会に深刻な亀裂を生じさせている。また国内においても、「本邦外出身者に対する不当な差別的言動の解消に向けた取組の推進に関する法律」が施行されて以来、日本国民に対する不当な差別的言動が著しく増加している。

もとより、このような不当な差別的言動はあってはならず、こうした事態をこのまま看過することは、国際社会において我が国の占める地位に照らしても、ふさわしいものではない。

ここに、このような不当な差別的言動は許されないことを宣言するとともに、更なる人権教育と人権啓発などを通じて、国民だけではなく、あらゆる人に周知を図り、その理解と協力を得つつ、不当な差別的言動の解消に向けた取組を推進すべく、この法律を制定する。

第一章　総則

（目的）

第一条　この法律は、日本国民及び本邦出身者に対する不当な差別的言動の解消が喫緊の課題であることに鑑み、その解消に向けた取組について、基本的理念を定め、及び国等の責務を明らかにするとともに、基本的施策を定め、これを推進することを目的とする。

（定義）

第二条　この法律において「日本国民及び本邦出身者に対する不当な差別的言動」とは、日本国民及び本邦出身者に対する差別的意識を助長し又は誘発する目的で公然とその生命、身体、自由、名誉若しくは財産に危害を加える旨を告知し又は日本国民及び本邦出身者を著しく侮蔑するなどの不当な差別的言動をいう。

（基本理念）

第三条　何人も、日本国民及び本邦出身者に対する不当な差別的言動の解消の必要性に対する理解を深めるとともに、日本国民及び本邦出身者に対する不当な差別的言動のない社会の実現に寄与するよう努めなければならない。

（国及び地方公共団体の責務）

第四条　国は、日本国民及び本邦出身者に対する不当な差別的言動の解消に向けた取組に関する施策を実施するとともに、地方公共団体が実施する日本国民及び本邦出身者に対する不当な差別的言動の解消に向けた取組に関する施策を推進するために必要な助言その他の措置を講ずる責務を有する。

2　地方公共団体は、日本国民及び本邦出身者に対する不当な差別的言動の解消に向けた取組に関し、国との適切な役割分担を踏まえて、当該地域の実情に応じた施策を講ずるよう努めるものとする。

第二章　基本的施策

相談体制の整備

第五条　国は、日本国民及び本邦出身者に対する不当な差別的言動に関する相談に的確に応ずるとともに、これに関する紛争の防止又は解決を図ることができるよう、必要な体制を整備するものとする。

2　地方公共団体は、国との適切な役割分担を踏まえて、当該地域の実情に応じ、日本国民及び本邦出身者に対する不当な差別的言動に関する相談に的確に応ずるとともに、これに関する紛争の防止又は解決を図ることができるよう、必要な体制を整備するよう努めるものとする。

教育の充実等

第六条　国は、日本国民及び本邦出身者に対する不当な差別的言動を解消するための教育活動を実施するとともに、そのために必要な取組を行うものとする。

2　地方公共団体は、国との適切な役割分担を踏まえて、当該地域の実情に応じ、日本国民及び本邦出身者に対する不当な差別的言動を解消するための教育活動を実施するとともに、そのために必要な取組を行うよう努めるものとする。

啓発活動等

第七条　国は、日本国民及び本邦出身者に対する不当な差別的言動の解消の必要性について、国民に周知し、その理解を深めることを目的とする広報その他の啓発活動を実施するとともに、そのために必要な取組を行うものとする。

2　地方公共団体は、国との適切な役割分担を踏まえて、当該地域の実情に応じ、日本国民及び本邦出身者に対する不当な差別的言動の解消の必要性について、住民に周知し、その理解を深めることを目的とする広報その他の啓発活動を実施するとともに、そのために必要な取組を行うよう努めるものとする。

附則

施行期日

1　この法律は、公布の日から施行する。

（不当な差別的言動に関わる取組についての検討）

2　不当な差別的言動に関わる取組については、この法律の施行後における日本国民及び本邦出身者に対する不当な差別的言動の実態等を勘案し、必要に応じ、検討が加えられるものとする。

3　この法律は、日本国民及び本邦出身者に対する不当な差別的言動が解消されたとき、又は「本邦外出身者に対する不当な差別的言動の解消に向けた取組の推進に関する法律」が廃止されたときに廃止するものとする。

理由

国内外において、日本国民及び本邦出身者に対する不当な差別的言動の解消が喫緊の課題であることに鑑み、その解消に向けた取組について、基本理念を定め、及び国等の責務を明らかにするとともに、基本的施策を定め、これを推進する必要がある。これが、この法律案を提出する理由である。

法律の目的

上に掲げた《日本国民及び本邦出身者に対するヘイトスピーチ解消法》は、二つの目的を持っている。第一の目的は、前文でも書かれている国内外における日本人苛め、日本人差別をなくしていくことである。日本人差別を無くしていくための一つの対策として有効であると思われる。

第二の目的は、やはり前文にあるように、《本邦外出身者に対するヘイトスピーチ解消法》が施行されてから日本国民に対するヘイトスピーチ及び言論弾圧が強化されつつあるが、これらの動きに対する打ち返しを行うことである。一方に《本邦外出身者に対するヘイトスピーチ解消法》が存在する現状では、他方に《日本国民及び本邦出身者に対するヘイトスピーチ解消法》が存在して初めて、日本国民は外国人と平等な存在となる。だから、現状では、《日本国民及び本邦出身者に対するヘイトスピーチ解消法》の提起は、人種平等を求める「日本国憲法」第14条1項や人種差別撤廃条約の精神に合致したものと言えよう。

人種差別撤廃条約との整合性を保つための工夫

しかし、《日本国民及び本邦出身者に対するヘイトスピーチ解消法》は、《外国人に対するヘイトスピーチ解消法》と同じく、人種差別撤廃条約第1条に定める「人種差別」に当たる可能性がある。また、ヘイトスピーチ対策を法で以て行うことは、言論の自由を侵し自由主義社会の根幹を掘り崩していくことにつながりかねない。そこで、（施行期日）の3を置き、(1)日本国民及び本邦出身者に対する不当な差別的言動が解消されたとき、(2)「本邦外出身者に対する不当な差別的言動の解消に向けた取組の推進に関する法律」が廃止されたとき、以上二つの場合に法律を廃止することにした。

(1)の時に法律を廃止するのは、この法律の究極の目的が国内外における国民及び日系人に対するヘイトスピーチの解消にある以上、当然である。また、(2)の時に廃止するのは、この法律が《外国人に対するヘイトスピーチ解消法》の害毒を中和するための対抗措置として作られる以上、また当然と言えよう。

こうして、《日本国民及び本邦出身者に対するヘイトスピーチ解消法》の成立↓《本邦外出身者に対するヘイトスピーチ解消法》と《日本国民及び本邦出身者に対するヘイトスピーチ解消法》との並存↓両法律の廃止・地方自治体のヘイトスピーチ条例の廃止、という順序で物事が推移することを望むものである。

謝辞

クラウドファンディングにご協力いただいた皆様

本書を制作のため実施されたクラウドファンディングに対し、多くの方々にご協力を賜りました。

お名前記載をご了承いただいた方々

塚本一夫様　菊池和明様　荒木一方様　米沢正浩様
清水政明様　サカイ新様　小野田みどり丸様　かず様
清水政明様　アラ様　亀山裕一様　ミドリマルモリノ様
アキツシマ様　柴田太郎様　とら様　ふくちゃん様
日本の明日を考える埼玉県民の会　黒須明海様　ノリ様
虎二様　さくらママ様　リンモモ様　ももこ様
まこと様

お名前の記載無しでご支援いただいた方々　34名様

５０００円以上のご協力を頂いた方々への本書をご送付いたします。

当会にご理解を頂き、会を結成された皆様

相模原市を護る会

有識者の会

地方議員の会

本邦外出身者の会

出版に関わって下さった全ての皆様

編者紹介　すべてのヘイトに反対する会

共同代表
永井《ながい》 由紀子《ゆきこ》

週刊誌取材記者を経て、
編集者として
雑誌、企業ＰＲ誌、書籍企画編集に
携わる。

編集プロダクション、企画編集会社、
「放送法遵守を求める視聴者の会事務局」、
株式会社 啓文社 編集長を経て、
現在「やまと新聞」取材記者。

２０１２年、
村田春樹会長の元で
「自治基本条例に反対する市民の会」の
副会長に就任、
政治活動に入る。

２０１９年、川崎市のヘイトスピーチ
条例を知り、同志と会を立ち上げ、
民族間の分断を招くヘイト条例の
反対活動を行う。

編者紹介
「すべての
ヘイトに
反対する会」

共同代表
土屋《つちや》 たかゆき

獨協大学法学部法律専攻科終了。
国会議員秘書を経て、
平成９年都議会議員当選、
以後４期連続当選（民主党）。
石原都知事と共に東京の教育改革に努める。

初代「北朝鮮に拉致された日本人を
救出する地方議員の会」会長。
都議会民主党総務会長３期、
情報公開プロジェクト事務局長、
民主党都議連常任幹事、
選対副委員長を歴任。

拓殖大学日本文化研究所客員教授。
『正論』『WILL』に論文多数。
著書多数、
近著に『日本近現代史の真実』（展転社）。

「やまと新聞」編集長、
京都東本願寺別院眞無量院僧徒。

編者紹介
「すべての
ヘイトに
反対する会」

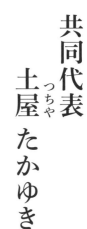

幹事長　山本　閉留巳

明治大学経営学部卒業。（財）松下政経塾第10期生。

在塾中シンガポールヤオハンにて企業研修、国家・企業の危機管理をテーマとして研究。

NGO日本国際救援行動委員会（佐々淳行理事長）でカンボジア、ロシアで現地行動隊長として従事。

平成19年東京都港区議会議員に当選。総務常任副委員長、まちづくり・子育て等対策特別副委員長を歴任。

株式会社幸暁代表取締役。

港区生活安全協議会委員、北朝鮮に拉致された日本人を救う青年の会会長。

議員団長　伊勢田　幸正

埼玉県富士見市議会議員。兵庫県姫路市出身。日本大学法学部卒。

学生時代から日本人拉致問題などの社会運動に参加。

大学事務職員、会社員を経て平成24年の埼玉県富士見市議会議員補欠選挙で初当選。現在3期目。

これまでに建設環境常任委員長、予算決算常任副委員長、志木地区衛生組合議会議員、入間東部地区事務組合議会議員などを歴任。

顧問　山岡 鉄秀

中央大学卒業後、シドニー大学大学院、サウスウエールズ大学大学院修士課程卒業。

２０１４年、豪州ストラスフィールド市において慰安婦像設置計画に遭遇、翌年阻止に成功した。

現在は日本に活動拠点をおき、モラロジー研究所研究員の傍ら、英語力を駆使し情報戦略アナリストとして世界へ情報を発信。

著書に『日本よ、もう謝るな！』『日本よ、情報戦はこう戦え！』『新・失敗の本質』『サイレント・インベージョン』他。

※右記3名の顔写真は、それぞれ山本は144頁、伊勢田は91頁、山岡は32頁に。

※なお、他の筆者の方々の写真はご本人から頂戴したものです。

あとがき

すべてのヘイトに反対する会幹事長　山本閉留巳

本書のタイトルでもある「日本を滅ぼす欠陥ヘイト条例」。

最近ヘイトスピーチ（憎悪演説）やヘイトクライム（憎悪犯罪）という言葉を、ニュースなどで耳にされた方も多いと思う。

特定の民族や人種を標的として、侮辱したり傷付けたりする行為が、日本のみならず、海外でも見られるが、何も最近の出来事ではなく、いつの時代においても、地球人類が経験している現象であり、大変嘆かわしい限りである。

「すべてのヘイトに反対する会」の幹事長として、何時如何なる時も、どこの国や地域であっても、相手の民族や人種などを理由に、侮辱したり危害を加える行為は、断じて許されるものではないことを、まずは強調したい。

そしてそれ以上に許されない事として、差別を解消するどころか、その差別を口実に、さらなる差別の助長、あるいは逆差別をも引き起こそうとする動きがあることである。

平成二十八年（二〇一六年）、「本邦外出身者に対する不当な差別的言動の解消に向けた取組の推進に関する法律」、いわゆる「ヘイトスピーチ解消法」が施行された。

その前文では、「近年、本邦の域外にある国又は地域の出身であることを理由として、適法に居住するその出身者又はその子孫を、我が国の地域社会から排除することを煽《せん》動する不当な差別的言動が行われ、（中略）こうした事態をこのまま看過することは、国際社会において我が国の占める地位に照らしても、ふさわしいものではない。」と記されている。

そして同法第二章では基本的施策として、「相談体制の整備」「教育の充実等」「啓発活動等」を掲げ、それぞれの項目における地方公共団体の役割について、明示されている。

この法律の制定を受けての流れになると思われるが、今年（令和二年・二〇二〇年）、川崎市で、「川崎市差別のない人権尊重のまちづくり条例」が制定されたのだが、その中身が問題なのである。「本邦外出身者に対する不当な差別的言動の禁止」（第十二条）に違反し、市長による勧告、命令に従わない者に対して、五十万円以下の罰金が科せられることになっているのだ（第二十三条）。

国が定める法令が法律であり、地方自治体が定める法令が条例であり、条例は法律の趣旨や内容に反することは出来ないことになっている。

先述のとおり「ヘイトスピーチ解消法」では、地方公共団体の役割として定められているのは、「相談体制の整備」「教育の充実等」「啓発活動等」までである。

罰則は定められていない。

川崎市の定めた条例は、「川崎市差別のない人権尊重のまちづくり条例」となっている。差別を受けない権利は、先祖が本邦出身者であれ、本邦外出身者であれ、平等であるべきはずだ。この条例、名称は綺麗だが、実態は本邦出身者に対する差別行為には触れていない不合理かつ不公平な、差別助長条例であると言わざるを得ない。

しかも高額な罰金が科すことで、訴える側と訴えられる側との対立構造を、明確に市が認定をするということになる。

私達「すべてのヘイトに反対する会」が調べたところでは、条例案について、事前に川崎市民に周知や意見集約が十分なされていたとは言い難く、また制定後の現在においても、条例の存在そのものが、市民の間で広く理解されているとも言い難い状況でもある。

また、そもそも本邦外とは、具体的にどの範囲の地域を指しているのか、あるは何代前の先祖までを指しているのかも曖昧である。

日本が、かって統治した朝鮮半島なのか、香港・ウイグル・チベット・南モンゴルなどの地域も含まれるのか、あるいはそういう地域を特定していない前提であるのか。

先祖についても、どの時代まで遡っているのか、明らかにされていない。

今後同じ神奈川県内の相模原市を初め、全国各地の自治体で、同様の、あるいはより厳しい内容の条例案が審議され、可決される可能性が出て来ている。

人間の行う善意と悪意は表裏一体である。

特定の民族を優遇することにより、日本人の中に、新たにその民族への敵対心を煽る要因になりかねない。

私自身、父親が外国人であることから、少年時代の一時期、様々な経験を受けたことがある。

そこで学んだことの一つに、人種や民族に関わらず何人であれ、差別行為をする人はする、しない人はしない、ということである。

単純に日本人が加害者であり、それ以外の人間は被害者である、などということは絶対に断定するべきではない。

民族が多く在住する日本になるといわれている時代に、人々の間の分断を図るような条例案は、絶対に阻止しなければならない。

「すべてのヘイトに反対する会」は、人種、国籍、出自に関わらず、すべてのヘイトに反対するという基本理念の元、全国各地における罰則付きヘイトスピーチ条例の制定を断固反対し、令和の時代の幕開けを契機に、日本に住む総ての人々が、共に平和に暮らすことが出来る社会を目指したい。

この一冊が、そのための道標となること、そして読んで下さった多くの皆様からのご理解を頂けることを強く願うものである。

最後に本書を制作するに当たり、執筆者の皆様、出版元である展転社の皆様、そしてクラウドファンディングに出資して頂いた皆様に、心より感謝申し上げたい。

日本を滅ぼす欠陥ヘイト条例
言論の自由を守るために

令和二年十二月十日　第一刷発行

編者　すべてのヘイトに反対する会
発行人　荒岩　宏奨
発行　展転社

〒101-0051 東京都千代田区神田神保町2-46-402
TEL　〇三（五三一四）九四七〇
FAX　〇三（五三一四）九四八〇
振替〇〇一四〇―六―七九九九二

印刷製本　中央精版印刷

ISBN978-4-88656-504-4